Karl Arnd

Der Pfahlgraben nach den neuesten Forschungen und Entdeckungen

Karl Arnd

Der Pfahlgraben nach den neuesten Forschungen und Entdeckungen

ISBN/EAN: 9783743308770

Hergestellt in Europa, USA, Kanada, Australien, Japan

Cover: Foto ©Andreas Hilbeck / pixelio.de

Manufactured and distributed by brebook publishing software (www.brebook.com)

Karl Arnd

Der Pfahlgraben nach den neuesten Forschungen und Entdeckungen

Der Pfahlgraben,

nach den neuesten Forschungen und Entdeckungen.

Nebst

Beiträgen

zur Erforschung der übrigen römischen, wie auch der germanischen Baudenkmale in der unteren Maingegend

von

Karl Arnd,

Kurfürstl. Landbaumeister; der Geschichtsvereine zu Kassel und Darmstadt, der wetterauischen Gesellschaft für die gesammte Naturkunde, der polytechnischen Gesellschaften zu Frankfurt und Altenburg und des geographischen Vereins zu Frankfurt Mitglied.

———

Mit einer illuminirten Karte.

Zweite vermehrte Ausgabe.

———

Frankfurt a. M.
Verlag von Heinrich Ludwig Brönner.
1861.

Inhalt.

	Seite
Zur Geschichte des Pfahlgrabens	V
Grenzwälle zwischen dem Taunus, dem Neckar und dem Maine bei Miltenberg	VI
Grenzwälle am Unterrhein	X
Einleitung	1

Erster Abschnitt.
Die alten Germanen.

§. 1. Urzustände	25
§. 2. Ursprünglicher Kriegszustand	27
§. 3. Sitten und Gewohnheiten der alten Germanen	29

Zweiter Abschnitt.
Römerherrschaft.

§. 4. Geschichte der Römer	34
§. 5. Die Römer in der unteren Maingegend	35

Dritter Abschnitt.
Der äußere Grenzwall des Römerreiches.

§. 6. Beschreibung des äußeren Grenzwalles von der Wetter bis zum Maine	49

Berichtigungen.

Seite 20 Zeile 14 von Unten lies Ostseite anstatt Westseite.
„ 20 „ 12 „ Unten lies Westseite anstatt Ostseite.
„ 38 „ 11 „ Unten lies Salburg anstatt Salbung.
„ 46 „ 3 „ Oben lies 277 anstatt 282.

Zur Geschichte des Pfahlgrabens.

Seit der Abfassung der, in zweiter Ausgabe hier wieder erscheinenden Schrift, sind ihr zwei Brochüren*) über den römischen Pfahlgraben nachgefolgt, durch welche ihr Inhalt bestätiget und weiterentwickelt wird, und wodurch dieser Gegenstand seiner vollständigen Aufklärung sehr nahe gebracht worden ist.

Ich lasse jene kleine Schrift hier unverändert folgen**) da sie die Lokalbeschreibung der aufgefundenen Reste der betreffenden Grenzwälle enthält.

Da sich indessen — auf den Grund neuerer Forschungen — nunmehr die Geschichte der Entstehung der bisher im Dunklen gelegenen Theile dieser Grenzwälle mit vieler Sicherheit angeben läßt, so will ich das Ergebniß dieser neueren Forschungen vorausschicken.

---

*) James Yates. M. A. Der Pfahlgraben, kurze allgemeine Beschreibung des Limes Rhaeticus und Limes Transrhenanus des römischen Reichs. Augsburg, Druck der J. N. Hartmann'schen Druckerei. 1858.

F. W. Schmidt's Lokaluntersuchungen über den Pfahlgraben, so wie über die alten Befestigungen zwischen Lahn und Sieg. Kreuznach 1859.

**) Sie führte den Titel: Karl Arnd, Beiträge zur Erforschung der Baudenkmale der Germanen und Römer in der unteren Maingegend, Hanau 1858.

I.

Grenzwälle zwischen dem Taunus, dem Neckar und dem Maine bei Miltenberg.

Nach Frontin's Strateg. I. 3. 10 ließ Domitian, in Folge seines (im J. 84 n. Chr.) gegen die Catten unternommenen Feldzuges, 120 Millien lange Pfahlwälle anlegen.

Nach Spartianus, in Hadriano Cap. 11, ließ Hadrian (um's J. 122), wo keine Flüsse die natürlichen Grenzen zwischen den Provinzen und den Barbaren bestimmten, beide durch starke Pfahlwerke, gleich festen Mauern, von einander trennen.

Endlich sagte Tacitus (um's J. 125) im Cap. 29 seiner Germania: „Nicht möchte ich, wiewohl sie sich jenseits des Rheins und der Donau niedergelassen haben, diejenigen zu Germaniens Völkern zählen, die das Zehntland bebauen. Das loseste, aus Armuth unternehmende Gesindel der Gallier besetzte es, da zweifelhaft der Grundbesitz. Nachher zog man den Grenzwall und ließ die Posten dahin vorrücken; so, daß es nun als Vorland und Theil der (römischen) Provinz betrachtet wird."

Daß diese drei Citate sich auf einen und denselben Gegenstand beziehen, möchte keinem Zweifel unterliegen, da Domitian, welcher überhaupt nur bis zum Jahre 96 regierte, die Ausführung der beabsichtigten Grenzwälle wohl anordnen, sie aber nicht alsbald vollenden konnte. Es wurde also hiernach, am Ende des ersten und am Anfange des zweiten Jahrhunderts, in der Regierungszeit der Kaiser Domitian, Nerva, Trajan und Hadrian das rheinische Zehntland mit einem 120 Millien, oder 24 deutschen Meilen langem Grenzwalle, von dem Gebiete der freien Germanen, und vorzugsweise von jenem der Catten — gegen welche der Feldzug Domitians gerichtet gewesen war — getrennt.

Nach der hier angefügten Karte finden sich heute noch Reste eines Grenzwalles, welcher vom Neckar bei Hirschhorn ausging, und welcher durch den Odenwald bis zum eisernen Pfahle an der Gersprenz zog; von da trat — nach dem oben angedeuteten Hadrianischen Systeme, nach welchem schon der Neckar als Grenzscheibe erschienen war — der untere Theil der Gersprenz und dann der Main abwärts bis Großkrotzenburg, an die Stelle des Walles. Von Großkrotzenburg bis Rückingen ist der Wall größtentheils noch vorhanden und führt den Namen Pfaffendamm; — von Rückingen aufwärts bildete die Kinzig eine kurze Strecke die Reichsgrenze; von da zog ein Grenzwall nach Oberau an die Nidder, welche bis Eichen an die Stelle des Walles trat; bei Eichen findet sich ein Grenzwall, welcher von da nach Wickstadt an die Nidda zieht; hier bildete die Nidda bis beinahe Okarben die Grenze; von da zog dann ein Grenzwall, jenseits Rodheim und Köppern, nach der Saalburg.

Diese Strecke hat eine Länge von 17 deutschen Meilen; der von Domitian angeordnete Bau muß sich daher noch 7 Meilen weiter, bis Kemel, fortgesetzt haben, um sich an den, bereits von Tiberius am Unterrheine angelegten Pfahlgraben anzuschließen.

Wir haben hiernach den ursprünglichen und ersten, den Domitian-Hadrianischen Grenzwall vor Augen, welcher nicht verwechselt werden darf mit dem später vom Kaiser Probus angelegten; — auf diesen letzteren können sich die obigen Citate auch aus dem Grunde nicht beziehen, weil er meist auf der Wasserscheide hinzieht und nirgends einen Fluß als Grenzmarke benutzt.

Da jener Domitian-Hadrianische Grenzwall von Tacitus als die Begrenzung des Zehntlandes bezeichnet wird, so führt uns dies zur näheren Betrachtung dieses Zehntlandes.

Da sich auf der linken Seite des Neckars, so viel mir bekannt, keine Spuren eines römischen Grenzwalles vorfinden, so ist es wahrscheinlich, daß sich das rheinische Zehntland aufwärts nur bis an diesen Fluß erstreckt habe.

Da ferner die Gegend von Wiesbaden von den Matiakern bewohnt wurde, welche, nach Tacitus, in einem ähnlichen Bundesverhältnisse zu den Römern standen, wie die Bataver, so werden wir das rechte Rheinufer nur vom Ausflusse des Neckars bis zu jenem des Mains dem rheinischen Zehntlande beizählen dürfen.

Da indessen von den späteren römischen Schriftstellern von diesem Zehntlande keine weitere Erwähnung geschieht; auch während der nachfolgenden Kriege ein ununterbrochener Besitz desselben, Seitens der Römer, nicht stattgefunden haben kann, so kann die, von Tacitus gelieferte, Schilderung desselben auf die späteren Jahrhunderte keine Anwendung finden.

Schon sehr bald nach der Vollendung dieses ersten Grenzwalles muß jene Erweiterung in nördlicher Richtung stattgefunden haben, welche die Gegend von Friedberg, Nauheim, Butzbach, Grüningen, Münzenberg, Staden und Altenstädt, auf der West-, Nord- und Ostseite umschließt.

Daß diese Erweiterung schon sehr früh stattgefunden habe, darauf deuten die vielen Spuren römischer Niederlassungen und römischer Straßen, welche einen langen Aufenthalt dieses Volkes in dieser Gegend vermuthen lassen: — auch der Umstand, daß die späteren Zeitperioden — wegen der vielen Kriegsunruhen — weder der Anlegung neuer Grenzwälle und Straßen, noch weiterer Ansiedlung in dieser Gegend günstig waren.

Nach der römischen Geschichte ließ der Kaiser Antoninus Pius, durch den General Lollius, den vom Kaiser Hadrian in Brittanien zurückgezogenen Grenzwall — welcher gegen die Kaledonier angelegt worden war — wieder vorrücken.

Es ist nicht unwahrscheinlich, daß dieser Kaiser gleichzeitig auch in der Wetterau, den von demselben Kaiser Hadrian angelegten Grenzwall, ebenfalls habe vorrücken lassen, um diesen nördlichen Theil dieses fruchtbaren Landstriches mit seinem Reiche zu verbinden. Dieser zweite Grenzwall verließ den oben beschriebenen Domitian-Hadrianischen ersten Grenzwall — nach der vorliegenden Karte — bei Oberroßbach und schloß sich bei Oberau, an der Nidder, demselben wieder an.

Eine ähnliche Erweiterung des römischen Gebietes hat, wahrscheinlich zu derselben Zeit, am linken Mainufer stattgefunden, indem man die Reichsgrenze von der Gersprenz bis zur Mümmling, oder von Stockstadt bis Obernburg, an den Main vorrückte; denn auch hier finden sich viele Spuren römischer Straßen und Ansiedlungen, wie dieß auch auf der hier angefügten Karte zu ersehen ist.

Von der Regierung Mark-Aurels anfangend, begannen unruhige Zeiten, in welchen die Römer mehrmalen über den Rhein zurückgetrieben wurden; bis endlich, im Jahre 276, Kaiser Probus das verlorene Land wieder eraberte.

Daß er es war, welcher den kühnen Gedanken faßte, durch einen großen Grenzwall den Rhein mit der Donau zu verbinden, wird von allen Geschichtschreibern als erwiesen angesehen, weßhalb ich weitere Beweise hier beizubringen unterlasse. Doch will ich hier noch bemerken, daß die beiden oben beschriebenen Grenzwälle den Zweck hatten, das sich im Besitze der Römer bereits befundene Germanenland vom übrigen Theile Germaniens abzuschließen; wogegen Probus — ohne Rücksicht auf den bisherigen Besitzstand — den rheinischen Grenzwall mit der Donau in Verbindung brachte. Es wurde hierbei das Bestehen eines rheinischen Grenzwalles vorausgesetzt, und es mußte hiernach nothwendig die ältere östliche Grenzlinie, welche sich bisher südlich an den Neckar angeschlossen hatte, aufgegeben werden.

Da sich indessen schon der oben beschriebene zweite Grenzwall, in östlicher Richtung, bis in die Gegend von Hungen erstreckte, so konnte Probus den seinigen daselbst anknüpfen; derselbe zog in dieser Richtung weiter an Laubach, Schotten und Gedern vorüber in das kurhessische Amt Birstein; dadurch erweiterte er das römische Gebiet nach dieser Seite um 3 deutsche Meilen; dann nahm er eine südliche Richtung und folgte von da an durchgängig der Wasserscheide auf den Gebirgsrücken; zuerst derjenigen zwischen dem Bracht- und Salzthale — hier berührte er Salmünster und durchschnitt das Kinzigthal — dann folgte er der Wasserscheide zwischen dem Bieber- und Friedrichsthale; endlich der Wasserscheide des Spessarts bis zum Maine.

Da Probus indeſſen ſchon im Jahre 282 ermordet wurde, ſo gelangte dieſes Werk nicht überall zu ſeiner Vollendung; wäre es vollendet worden, ſo müßten ſich die Spuren deſſelben – beſonders in den Wäldern — viel häufiger vorfinden.

Während der wenigen Jahre, in denen er noch lebte, hatte er wahrſcheinlich den größten Theil ſeiner Arbeitskräfte dem, in Würtemberg und Baiern gelegenen, Theile dieſes Werkes zugewendet, und nach ſeinem Tode erfolgten neue Angriffe von Seiten der Germanen, bei welchen die Römer nicht mehr alle Punkte dieſer vorgeſchobenen Grenzlinie zu behaupten vermogten. Auch Yates bemerkt S. 18 u. 20: „Der Limes ſei nicht überall mit Wällen und Gräben verſehen worden, und man habe ſich an vielen Stellen mit einer Abſchließung durch Palliſaden begnügt."

So groß indeſſen auch die Lücken ſind, welche ſich gegenwärtig in dieſem dritten römiſchen Grenzwalle befinden, ſo hat doch anderenſeits ein Theil der noch vorhandenen Reſte deſſelben einen weit großartigeren Charakter als die beiden älteren Wälle, und als ihn Yates, bei ſeiner ſehr ausgedehnten Bereiſung der übrigen Theile dieſes großen Bauwerkes, irgendwo gefunden hat.

Meine Anſicht, über das relative Alter der drei hier in Betracht gezogenen römiſchen Grenzwälle, findet auch in dem Umſtande ihre Beſtätigung, daß ſich innerhalb der älteren inneren Umgrenzung allenthalben Spuren römiſcher Niederlaſſungen vorfinden, während dergleichen in dem Zwiſchenraume, zwiſchen ihr und der äußeren probuſiſchen Umgränzung, gänzlich fehlen, wie dieß ein Blick auf die angefügte Karte alsbald ergibt.

II.
Grenzwälle am Unterrhein.

Ein ähnliches Vorrücken der römiſchen Reichsgränze, in Verbindung mit der Anlegung eines zweiten Grenzwalles, ſcheint auch am Unterrheine ſtattgefunden zu haben.

F. W. Schmidt liefert, in ſeiner obengenannten Brochüre, eine genaue Nachweiſung, daß der dortige Pfahlgraben ſich zu Hönningen — zwiſchen Neuwied und Linz — an den Rhein angeschlossen habe, und da er von einem zweifachen Grenzwalle keine Ahnung hat, so weist er die allgemeine Meinung, daß sich der Pfahlgraben noch weiter abwärts erstreckt habe, als einen Irrthum zurück. Daneben liefert er selbst die Beschreibung eines Römerwalles, welcher sich aus der Gegend von Idstein über Habamar, Hachenberg, Wissen, Siegen und Neustadt hinzieht, und welcher sich höchst wahrscheinlich weiter abwärts an den Rhein angeschlossen hat; — derselbe hat eine Gegend umschlossen, welche viele Spuren römischer Niederlassungen und besonders viele Verschanzungen enthält, auf welche Schmidt besonders aufmerksam macht. Es hat daher auch hier ein späteres Vorrücken der Reichsgrenze stattgefunden, wovon ebenfalls eine zweite Walllinie herrührt.

Der Umstand, daß die älteren, abfällig gewordenen Wälle nicht beseitiget wurden, erschwert uns das Erkennen der einstigen Bestimmung der noch vorhandenen unzusammenhängenden Reste derselben.

Unterdessen verspricht dieser nördlichste Theil des rheinischen Pfahlgrabens ein sehr ergiebiges Feld für weitere Nachforschung darzubieten.

Einleitung.

Da wir bei der vorchristlichen Geschichte hauptsächlich auf ungeschriebene Denkmale der alten Germanen und Römer hingewiesen sind, und da in der Erklärung dieser Denkmale noch eine große Verschiedenheit unter unseren Geschichtsforschern besteht, so will ich hierüber im Voraus meine Ansicht offen darlegen, da dies den Maaßstab darbieten wird, für das Ermessen der Richtigkeit meiner nachfolgenden Darstellung der älteren Geschichte unserer Gegend und der Klassifizirung ihrer Denkmale.

Für die ältesten Denkmale unserer Vorfahren halte ich die sogenannten Donnerkeile aus Serpentin, Hornstein, Jaspis und Thonschiefer, welche in allen, am Frühsten bewohnt gewesenen, Theilen unserer Gegend gefunden werden; — unser hanauisches Museum besitzt deren 4; Professor Pf. Dieffenbach in Friedberg gegen 50; N. Berneck in Roßheim 90 und der Fürst von Büdingen soll ihrer an 200 besitzen.

Keilförmige Bruchstücke jener Steinarten wurden, an harten Quarzsandsteinen, so geschliffen, daß sie eine scharfe Schneide erhielten, und als Keile beim Holzspalten; dann — eingespannt in einen hölzernen Stiel und mit Riemen aus Thierhäuten daran befestiget — als Axt und Hacke dienten.

Sie gehören jener Zeit an, wo unsere Vorfahren sich noch nicht im Besitze von metallenen Werkzeugen befanden; also einer Zeit, welche vielleicht viele Jahrhunderte derjenigen vorausging, in der Tacitus (ums Jahr 120 n. Ch.) unsere Gegend beschrieb.

Aus den Zeiten des Tacitus, und einige Jahrhunderte vor und nach ihm, scheinen mir jene Grabhügel — Hühnengräber — zu stammen, welche sich in der unteren Maingegend vorfinden, und wovon ich die mir bekannt gewordenen in die hier angefügte Karte eingetragen habe. Tacitus erwähnt ihrer im Cap. 27 seiner Germania mit folgenden Worten: „Des Scheiterhaufens Bau überladen sie weder mit Decken, noch mit Spezereien; jedem werden seine Waffen, einigen auch ihr Roß, ins Feuer mitgegeben. Die Grabstätte hebt ein Rasenhügel."

Bei der Oeffnung jedes dieser Gräber findet sich in dessen Mitte ein Aschenkrug, in welchem sich, neben der Asche, gewöhnlich unverbrannt gebliebene Theile der Körperbekleidung, als Armringe, Haarnadeln, Krappen rc. aus Bronze befinden; daneben findet sich öfter eine eiserne Lanzenspitze oder ein Schwert.

Der Aschenkrug besteht aus braungrauem Thone, er ist weder auf einer Drehscheibe vollkommen rund geformt, noch in einem Brennofen bis zur klingenden Härte festgebrannt, weßhalb er gewöhnlich zerbricht, bevor er aus der Erde herausgenommen wird.

Hiermit unterscheiden sich die germanischen Aschenkrüge hauptsächlich von den römischen; da letztere auf Drehscheiben geformt, und in Brennöfen sehr festgebrannt sind.

In der Provinz Hanau sind mir folgende bekannt geworden:

1) Dicht am Dorfe Preungesheim, an der Straße gegen Bonames;

2) Im Walde bei Eckheim,

3) Oberhalb Bischofsheim;

4) Zwischen Dörnigheim und Wilhelmsbad; auf der Südseite der Frankfurt-Hanauer Eisenbahn;

5) Hinter den Wilhelmsbader Steinbrüchen, an der Mittelbucher Allee;
6) Nahe vor der Burg bei Wachenbuchen;
7) Auf dem Exercierplatze vor dem Heegwalde bei Hanau;
8) Im Lamboiwalde und gegenüber im Waldbickicht;
9) Auf der Leerhöferhaide, nahe an der Aschaffenburger Straße;
10) Im Walde: Neulatte bei dem Emmerichshofe;
11) Im Walde, südlich von Langenbiebach;
12) Zwischen Langenselbold und dem Bruderbiebacherhofe;
13) Im Windecker Stadtwalde, bei Eichen.

Noch eine dritte Art von Denkmalen ist von den alten Germanen zu uns gelangt; es sind dies die, auf unseren Bergkuppen befindlichen, Ringwälle; auch sie habe ich — so weit sie mir bekannt geworden sind — in die hier beigefügte Karte eingetragen.

Die großartigsten dieser Ringwälle finden sich auf dem Taunus; wir wollen hiervon nur die drei bedeutendsten anführen.

Eine Stunde nördlich von Homburg, auf der rechten Seite und ganz in der Nähe der, von Homburg nach Usingen, führenden Chaussee, liegt die Glückelsburg.

Der Ringwall umgibt ein, auf der Bergkuppe befindliches, Plateau, und ist noch von einem zweiten halbkreisförmigen Walle auf seiner Westseite verstärkt.

Ein zweiter Ringwall liegt eine Stunde nordwestlich von Oberstädten bei Homburg; es ist dies die sogenannte Goldgrube; sie befindet sich auf einer mäßigen Anhöhe, welche jedoch die umliegende Gegend beherrscht.

Ein tiefer Graben, nebst einem gegen 30 bis 40 Fuß hohen Walle, schließet ein großes, gegen 800 Schritte im Durchmesser haltendes, Plateau ein. Unterhalb diesem mächtigen Ringwalle befinden sich noch bedeutende Außenwerke, welche, in Verbindung mit demselben, dieser Anlage einen wahrhaft riesenmäßigen Charakter geben.

Höher über die Umgegend erhebt sich die Befestigung des Altkönig (Altking), er liegt um eine Stunde westlich von der Goldgrube; — diese Befestigung besteht aus zwei Ringen; der äußere Ring — aus kleinen losen Steinen bestehend — mißt 2000 Schritte; der innere Ring — aus größeren Steinen und Felsblöcken — mißt 1400 Schritte. Unterhalb dem äußeren Ringe befindet sich noch auf der Südseite ein Wall, welcher einen Theil eines dritten Ringes gebildet zu haben scheint.

Südwestlich von Butzbach, auf dem Hausberge (Hainbornkopp) befindet sich ein Plateau von 600 Schritten Durchmesser, welches von einem Ringwalle umschlossen ist.

Auf der Nordseite von Lindheim und Dietelsheim, bei Büdingen, befindet sich ebenfalls ein sehr bedeutender Ringwall auf dem Glauberge, welcher das dasige 800 Schritte lange und 200 Schritte breite Plateau umschließt, und an seiner nordöstlichen und westlichen Seite, befinden sich am Fuße des Berges noch andere großartige Wälle.

Eine Stunde südwestlich von Büdingen liegt der Harbeck; auf ihm hat das von zwei Ringwällen eingeschlossene Plateau nur einen Durchmesser von 200 Fuß; dagegen hat der äußere 1200 Fuß lange Ringwall eine Höhe von 20 Fuß.

Viel ausgedehnter ist der Ringwall, welcher das große Plateau der Altenburg auf der Nordseite des Dorfes Cassel im Landgerichte Orb umschließt; — innerhalb dieses eingeschlossenen Raumes befindet sich ein zweiter Ringwall, von etwa 8 Fuß Höhe und 600 Fuß Durchmesser, welcher sich auf der Nordseite an den äußeren Wall sehr nahe anschließt.

Außerdem befinden sich in unserer Gegend noch die Ringwälle: auf dem Schnepfenberge im Taunus; auf der Altenburg bei Schotten; auf dem Ringelberge bei Alzenau; auf dem Gräfenberge bei Laufach; auf dem Friedberge bei Aschaffenburg; auf den Bergkuppen bei Klingenberg, Miltenberg und Obermutau; auf dem Lichtenberge bei Ober- und Niederhausen, und endlich bei Frankenhausen, auf der Südseite von Darmstadt.

Drei solcher Bergfesten liegen in der Provinz Hanau, welche ebenfalls den alten Germanen zuzuschreiben sein möchten, obwohl sie von den hier beschriebenen Ringwällen abweichen:

1) Der Rauheberg bei Meerholz; derselbe ist an seinem Fuße mit einem Ringwall umgeben;

2) Der Wall auf dem Burgberge bei Bieber; derselbe bildet nur einen Viertelkreis gegen die eingesattelte Fortsetzung des Bergrückens, wovon der Burgberg die südwestliche erhöhte Stirne bildet; der befestigte Rücken entbehrt daher an seinen drei übrigen steilabfallenden Seiten der Umwallung, welche hier auch weniger nothwendig war.

3) Der Hainkeller, zwischen Geislitz und Breitenborn. Es befindet sich daselbst an der Stirne des, gegen Breitenborn hinziehenden Gebirgsastes ein, aus losen Steinen bestehender 5 Fuß hoher Wall, welcher eine runde Fläche von 100 Fuß Durchmesser umgibt; hinter dieser Fläche befindet sich eine 20 Fuß hohe Schutzmauer, und seitwärts geht von ihr ein, 500 Fuß langer, Steinwall aus.

Schon Tacitus erwähnt im I. Buche seiner Annalen Cap. 57, daß Segestes von seinen Landsleuten belagert wurde.*) Ferner sagt Amianus Viktor, bei Erwähnung der Siege des Kaisers Gratian im Mai 378: „Die Barbaren zogen sich von einem Berge zum anderen zurück; — wenn die Legionen die Berge der Barbaren erstiegen und ihre Befestigungen erstürmten, zeichnete sich die Tapferkeit Gratians in den vordersten Reihen aus."

Da bei der Anwendung aller Waffengattungen, so beim einfachen Streitkolben, wie bei dem Schwerte und der Lanze, bei der Flinte wie bei der Kanone, derjenige im Vortheile ist, der sich auf einem höheren Standpunkte befindet, so suchten die alten Germanen — ebenso wie die Ritter des Mittelalters und

---

*) K. F. Eichhorn scheint hieraus (Th. I. S. 65 seiner Staats- und Rechtsgeschichte) auf befestigte Burgen, wie jene des Mittelalters zu schließen; wir werden bald sehen, daß Segestes sich nur in einem solchen Ringwalle befinden konnte.

unsere heutigen Feldherren — für ihre Befestigung solche Punkte zu benützen, welche durch ihre höhere Lage die umliegende Gegend beherrschen; sie wählten hierzu die isolirt liegenden Bergkuppen, und unter diesen diejenigen am liebsten, wo die Kuppe ein geräumiges Plateau bildete, um darauf eine zahlreiche Mannschaft aufstellen zu können; war kein Plateau vorhanden, so trugen sie die Spitze der Kuppe ab, und formirten von den, aus ihr ausgebrochenen Steinen, jene Steinwälle, womit sie das Plateau umgaben; im anderen Falle bildeten sie Erdwälle, welche wir selbst doppelt und dreifach auftreten sehen.

Auf dem niederen Culturstande, auf dem sie sich befanden, hatten sie weder Kenntniß vom Kalkbrennen und Mörtelbereiten, noch besaßen sie jene Mauer= und Steinhauerwerkzeuge, welche aus gestähltem Eisen bestehen, und zum regelmäßigen Zuhauen von Bausteinen unentbehrlich sind, und welche sich durch den Gebrauch schnell abnutzen, und in ordentlichen Schmiedeessen wiederholt geschärft und gestählt werden müssen. Dieser Umstand macht es uns leicht, ihre Bauwerke von denen der Römer und von jenen der Deutschen des Mittelalters zu unterscheiden; denn es konnte bei ihnen weder ein regelmäßiges Behauen der Steine, noch eine Verbindung derselben mit Kalkmörtel stattfinden.

Ein weiteres Unterscheidungsmerkmal der germanischen Bauwerke von den römischen und den späteren mittelalterlichen besteht in der Abwesenheit aller, aus Thon geformter und festgebrannter, Bausteine und Dachziegeln; denn, da sie außer Stande waren Ziegel= und Töpferöfen zu erbauen, so konnten sie weder Bausteine, noch Dachziegeln, noch Thongefäße festbrennen.

Mehrere Schriftsteller sind in der Beurtheilung jener Ringwälle auf Abwege gerathen, indem ein Theil derselben glaubte, sie wären blos für den Krieg mit den Römern angelegt worden, während sie ursprünglich für den Krieg bestimmt waren, den die verschiedenen germanischen Völkerstämme untereinander führten; sie wurden jedoch auch gelegenheitlich im Kriege gegen die Römer benutzt.

Ein anderer Theil unserer Schriftsteller, besonders Staatsrath Knapp, suchen diesen Ringwällen religiöse Zwecke unterzulegen; als Grund gibt dieser an: wären sie zu kriegerischen Zwecken angelegt, so würden die Germanen gewiß senkrechte Mauern, anstatt abgedachter Wälle, errichtet haben; er denkt nicht daran, daß sie sich — wie wir oben gesehen haben — zur Aufführung solcher Mauern ganz außer Stand befunden haben. Daß die Germanen zu Tacitus Zeiten sich keiner Mauer- und Steinhauerwerkzeuge, und keines Kalkmörtels bedient haben, geht auch aus folgender Stelle im 16. Cap. seiner Germania hervor; es heißt daselbst: „Nicht einmal Mauersteine und Ziegeln sind bei ihnen im Gebrauch; zu Allem bedienen sie sich des Holzes, ungestaltetem, ohne Schönheit und Anmuth. Einige Stellen bestreichen sie sorgfältig mit einer so reinen und glänzenden Erde, daß sie wie Malerei und Farbenzeichnung aussieht."

Bedenken wir, was dazu erforderlich ist, um regelmäßiges Mauerwerk und Steinhauerarbeit anzufertigen und Mörtel zu bereiten, so müssen wir einsehen, daß ihr ganzer damaliger Culturstand die hierzu erforderlichen Mittel nicht darbot; denn es mußte nicht nur Eisen gegraben, geschmolzen und geschmiedet, sondern dasselbe mußte auch zu Stahl bereitet; die stumpfen Werkzeuge mußten in ordentlichen Schmiedeeffen sehr oft wiederholt geschärft und gestählt werden können; — der Bereitung des Mörtels mußte die Entdeckung des Brennens, des Löschens und des Vermengens des Kalkes mit Sand vorausgehen; sie mußten Kalköfen zu bauen verstehen; wozu ihnen abermals die nöthigen Mauerwerkzeuge fehlten.

Wenn auch angenommen werden kann, daß sie zu jener Zeit schon Geräthe aus Bronze herzustellen vermogten, so können wir doch als gewiß voraussetzen, daß sie noch nicht dazu gelangt waren, das viel schwieriger zu behandelnde Eisen zu fabriziren, und endlich, daß die eisernen Lanzenspitzen, Schwerter und Helme, welche sie besaßen, theils durch den Handel, theils durch Eroberung in ihre Hände gelangt waren.

Es stimmt hiermit auch eine Stelle des Tacitus überein, es ist dies im 43. Cap. seiner Germania, wo es heißt: „Bei den Gothinern beweist die gallische Mundart, daß sie keine Germanen sind. Die Gothiner graben auch Eisen aus." Es waren also nicht Germanen, sondern ein gallisches Volk, welches Eisen ausgrub.

Die Germanen unserer Gegend waren zu der Zeit des Tacitus ein Nomadenvolk, welches noch nicht lange aus dem Wanderleben in den Zustand eines ackerbautreibenden Volkes übergegangen war; — es geht dies aus der im 26. Cap. der Germania enthaltenen Beschreibung ihres Ackerbaues hervor, wo es heißt: „die Aecker werden, der Anzahl der Bebauer gemäß, abwechselnd von ganzen Gemeinden in Beschlag genommen, und man vertheilt sofort dieselben nach dem Range unter sich. Erleichtert wird das Theilungsgeschäft durch die weiten Räume der Felder. Mit den Saatfeldern wechselt man alljährlich und es ist dazu an Aeckern Ueberfluß. Denn man wetteifert nicht mit des Bodens Fruchtbarkeit und weiter Ausdehnung, daß man etwa Obstpflanzungen anlegte, Wiesen absonderte, Gärten bewässerte; nichts als die Saat wird der Erde anbefohlen."

Nach Cap. 5 bestand ihr Reichthum nur in ihren Rinder- und Schafherden, und nach Cap. 23 bestanden ihre Speisen aus wildem Obst, frischem Wild und geronnener Milch; daneben besaßen sie jedoch ein Getränk aus einem Aufgusse aus Gerste oder Korn, zu einiger Aehnlichkeit mit Wein gegohren; — auch muß man daraus, daß sich ihre Weiber in Leinwand kleideten, auf einen gewissen Grad der Kunstfertigkeit schließen; dagegen kleideten sich die Männer in Thierhäute.

Im Augenblicke ihrer festen Niederlassung wurde das Herbeischaffen von Winterfutter, für ihre zahlreichen Heerden, das erste Erforderniß, und diesem Zwecke entsprechen jene bronzene Sicheln, welche man unter ihren Geräthschaften gefunden hat, und welchen einige unserer Alterthumsforscher, die nur an den Krieg dachten, keine Bestimmung zu geben wußten.

Von anderen aufgefundenen Ackergeräthschaften ist mir nichts bekannt geworden; höchst wahrscheinlich haben sie sich zum Umgraben des Bodens nur hölzerner Grabscheite, und der eingespannten steinernen Donnerkeile, und später der bronzenen Celte zum Umhacken desselben bedient.

Daß sie ein regelmäßiges Fruchtfolgesystem und die noch jetzt bestehende Gewanneintheilung eingeführt; — daß sie sich des Pfluges und unserer übrigen Ackerwerkzeuge bedient hätten — wie sich dies manche unserer Geschichtsforscher vorstellen; — daran ist nicht wohl zu denken.

Vom Jahre 12 vor Christi, bis zum Jahre 374 n. Chr. — also während 386 Jahren — wohnten Römer im unteren Maingebiete: — es sind indessen ihre Nachrichten über ihre Wohnsitze und die sonstigen örtlichen Verhältnisse so sparsam auf uns gekommen, daß wir auch hier hauptsächlich auf die von ihnen hinterlassenen Baudenkmale hingewiesen sind.

Der Ausmündung des Maines gegenüber gründeten sie, ums Jahr 38 v. Chr. ihr Moguntiacum, an der Stelle unserer heutigen Stadt Mainz, und diesem gegenüber legten sie dann ein Castell an, welches jetzt noch diesen Namen trägt.

Oefter wird von ihnen der Taunus genannt, aber erst seit Kurzem — nachdem durch die Freigebigkeit des Landgrafen zu Homburg und die aufopfernden Bemühungen des Archivars Habel, die Saalburg blosgelegt worden ist — erkennt man, daß sie darunter hauptsächlich diese ihre Niederlassung verstanden haben. Es findet sich hier ein sehr großes Castell, und daneben die Fundamentmauern einer ausgedehnten bürgerlichen Niederlassung.

Eine andere bürgerliche Niederlassung gründeten sie an den heißen Quellen zu Wiesbaden, und eine ähnliche zwischen Praunheim und Hebbernheim, in der Nähe von Frankfurt; endlich eine noch andere zu Friedberg, womit überall zu ihrem Schutze ein Castell in Verbindung stand.

Auf der linken Seite des Mains scheint sich zu Dieburg der Mittelpunkt ihrer Niederlassungen befunden zu haben; da viele Römerstraßen daselbst zusammenlaufen. Diese Straßen und die Orte, wo römische Alterthümer in unserer Gegend gefunden worden sind, habe ich — so weit sie mir bekannt geworden — in die angefügte Karte eingetragen.

Die bedeutendste römische Niederlassung, welche die Grenzen der Provinz Hanau berührt, ist jene zwischen Praunheim und Hebbernheim, da die westliche Ringmauer dieser Munizipalstadt, welche den Namen Novus Vicus führte, unsere Landesgrenze bildet; und da der Todtenhof, so wie mehrere Villas derselben, vor dem westlichen Thore jener Römerstadt auf hanauischem Gebiete lagen. Ein Grundplan dieser Römerstadt, nebst Nachricht über die daselbst stattgehabten Ausgrabungen, und besonders über die beiden dabei gefundenen Mithrastempel, theilte Archivar Habel in den nassauischen Annalen des Vereins für Alterthumskunde mit; auch enthält das Alterthumsmuseum in Wiesbaden noch viele andere interessante Gegenstände, welche daselbst gefunden worden sind.

Eine zweite römische Niederlassung in unserer Provinz findet sich am rechten Kinzigufer bei Rückingen; sie führt jetzt den Namen Altenburg, und bildet einen flachen Hügel von etwa 20 Morgen Quadratinhalt; diese Stelle liegt zwischen der Leipzigerstraße und dem Kinzigflusse, und ist an ihren beiden anderen Seiten mit einem Graben umgeben; sie enthält noch römische Fundamentmauern; auch finden sich in der Ackererde Trümmer römischer Ziegeln und Thongefäße; ihr gegenüber, jenseits der Leipzigerstraße, befand sich der Todtenhof, woraus eine Menge römischer Aschenkrüge ausgegraben worden sind. An die Altenburg schließet sich, südwestlich an, das im Jahre 1804 vom Fürsten Karl von Isenburg ausgegrabene Römerbad, dessen Sockelmauern noch täglich eingesehen werden können, und welches Präsident Schlereth in der Zeitschrift für die Provinz Hanau v. 1838 beschrieben hat.

Viele bei jenen Ausgrabungen gefundene Gegenstände, und besonders eine Menge Aschenkrüge, befinden sich im Schlosse zu Birstein, und einige auch im Alterthumsmuseum von Hanau.

Eine dritte Römerstätte befand sich an der Stelle des jetzigen Dorfes Großkrotzenburg, am rechten Mainufer; es wurde daselbst im Jahre 1835 ein Stein mit folgender Inschrift gefunden, welcher sich jetzt im Besitze des Pfarrers Kreisler zu Hosenfeld bei Fulda befindet:

PRO. SALVTE. VICTORIA. ET.
REDITV. IMPP. CAESS. L.
SEPTIMII. SEVERI. PERTINA
IS. ET. M. AVRELI. ANTONINI.
E. P. SEPTIMII. GETAE. PIORVM.
AVGGG. ET. IVLIAE. DOMNAE.
AVGVSTAE. MATRIS. AVGG. ET
... STRORVM. Q. AIACIVS.
... DESTVS. CRESCENTIA.
... LEG ... G .. OIV ....

Außerdem wurden hier römische Backsteine und Thonplatten mit Legions- und Cohortenstempeln gefunden, wovon sich einige im Hanauer Alterthumsmuseum befinden; der größte Theil dieses Dorfes wird von römischen Fundamentmauern durchzogen.

Eine vierte Römerstätte, in hiesiger Provinz, ist die Mittelbucher Burg, nahe am Kinzigheimerhofe; es besteht dieselbe aus einem 7 bis 12 Fuß hohen doppelten Walle, welcher ein Parallelogram von 100 Schritten Länge und 60 Schritten Breite umschließt; — im Innern befinden sich 3 Fuß dicke Fundamentmauern, bei deren Ausgrabung im Jahre 1856 Bruchstücke römischer Backsteine, Dachziegeln und Gesimsstücke gefunden wurden, welche im hiesigen Alterthumsmuseum aufbewahrt werden; es scheint dies ein römisches Castell gewesen zu sein. Auch in dem anschließenden mittelbucher Gemeindewalde, befinden sich Hügel, in welchen Scherben römischer Gefäße gefunden wurden, was auf eine weiter ausgedehnte römische Niederlassung hindeutet,

Ein ähnliches, jedoch viel kleineres, Castell befindet sich an der Aschaffenburgerstraße, nahe am Neuwirthshause; es ist dies da, wo die alte Birkenhainerstraße den Römerwall (Pfaffendamm) überschreitet, im nordwestlichen Winkel, zwischen beiden; 275 Schritte nördlich der ersteren und 75 Schritte westlich von letzterem. Ein 7 Fuß hoher Wall, nebst breitem Graben umgibt ein Parallelogramm mit abgerundeten Ecken von 24 Schritten in der Länge und 16 Schritten in der Breite. Es stand dieses Castell offenbar in Verbindung mit dem nahe an ihm vorüberziehenden Grenzwalle. Bei einer Anfangs Oktober 1856 vorgenommenen Nachgrabung, fand man darin: 1) Eine Münze mit dem Brustbilde Domitians; 2) eine römische Dachziegel; 3) 14 Scherben von Gefäßen aus Terra sigilata; 4) noch eine Menge anderer Scherben römischer Gefäße, welches Alles im Hanauer Alterthumsmuseum aufbewahrt wird.

Eine sechste Römerstätte ist jene bei Bergen; — Pfarrer Hermann ließ im Jahre 1802 auf den Pfarräckern am Kellersgraben und am vilbeler Walde Nachgrabungen vornehmen; am ersteren Orte fand er einen Estrich und mehreres Mauerwerk mit Feuerungsanlagen zu einem Bade, und an letzterem, unter Anderem auch, Backsteine mit dem Stempel der XXII. Legion. Die daselbst gefundenen Münzen und einige andere Gegenstände werden im Hanauer Alterthumsmuseum aufbewahrt.

Eine siebente Römerstätte befindet sich auf dem sogenannten Säulingsberge, nördlich von Kesselstadt; — es ist dies ein flacher Hügel, welchen die Mainfluthen nicht erreichen; — bei der 1845 stattgehabten Anlegung der Frankfurt-Hanauer Eisenbahn wurden hier eine Menge Scherben aus Terra Sigilata gefunden, wovon einige mit dem Töpferstempel versehen sind, und welche im hiesigen Alterthumsmuseum aufbewahrt werden. Kleine Trümmer römischer Gefäße finden sich in der dasigen Gegend in Menge vor.

Eine achte Römerstätte findet sich am rechten Kinzigufer bei Hanau. Im Jahre 1769 wurden, beim Ausheben der Baumlöcher zu der Apfelallee vor der Neubrücke, eine römische Todtenurne, eine Lanze und ein Teller gefunden, auf denen sich die Stempelabdrücke ATTILIUS F. und Occiso Figulus befanden.

Eine neunte Römerstätte entdeckte Prof. Dieffenbach vor Kurzem in der Markung Dorheim, und zwar an der Stelle, wo von der, von Friedberg nach Echzel führenden, Römerstraße, jene nach Münzenberg abgeht.

Eine zehnte Römerstätte befindet sich neben dem, von Eschersheim nach Frankfurt führenden, Wege; 1839 wurden hier auf dem Gemeindeeigenthume viele Steine aus römischen Fundamentmauern ausgebrochen.

Eine eilfte Römerstätte befindet sich wahrscheinlich neben der sogenannten Schindkaute, in der Markung Kesselstadt. Außerdem enthalten die Quellen zu Schwalheim und der Römerbrunnen zu Großkrotzenburg römische Münzen.

Die untrüglichsten Merkmale römischer Wohnsitze sind Scherben von Gefäßen aus Terra Sigilata; da sich dieselben durch ihre rothbraune Farbe und Glasur von allen Anderen unterscheiden, und häufig mit den Namensstempeln jener Töpfer versehen sind, die sie angefertigt haben; ebenso untrüglich sind Backsteine und gebrannte Platten, in welchen sich der Stempel einer Legion oder Cohorte eingedrückt findet; ebenso größere Denksteine mit römischen Inschriften.

Auch sind römische Dachziegeln von Kennern leicht von anderen zu unterscheiden.

Weniger sicher ist der Fund römischer Münzen und Waffen, da sich dergleichen oft auch in den Händen von Germanen befunden haben.

Die größten Schwierigkeiten bietet die richtige Erkenntniß der römischen Grenzwälle, und ihre Unterscheidung von Heeggräben, mittelalterlichen Grenzgräben und Umwallungen von Flur= und Waldmarkungen dar; — denn hier gibt es keine Scherben von römischen Gefäßen, keine Legions=, Cohorten= und Töpferstempel; keine Inschriften, welche uns unverkennbare Merkmale darbieten könnten.

Erst nachdem ich eine Menge derselben aufgesucht, und mit einander verglichen hatte, fand ich in ihren Querprofilen und in dem — ihrer Lage und Richtung zu Grunde liegenden — Systeme, einige Anhaltpunkte für ihr Erkennen und ihre Unterscheidung von anderen Anlagen ähnlicher Art.

Betrachtet man die große Zahl von alten Wällen und Gräben, welche sich in unserer Gegend befinden: einfache Wälle, einfache Wälle mit einfachen Gräben; Wälle mit 2 Gräben; Doppelwälle ohne, und solche mit äußeren Gräben; — dreifache Wälle ꝛc.; Alle von den verschiedensten Dimensionen und Richtungen, so kann man leicht den Muth verlieren, von jedem derselben Ursprung und Bestimmung nachzuweisen; besonders noch darum, weil nur höchst selten in der Geschichte von denselben Erwähnung geschieht.

Viele davon — so weit sie in der Wetterau liegen — hat Professor Dieffenbach, in seiner Urgeschichte der Wetterau, unter der Rubrik: „Partialbefestigungen," aufgeführt; andere beschreibt Hofrath Steiner in seiner Geschichte des Maingebietes unter den Römern; andere enthält des Staatsraths Knapp Beschreibung der römischen Denkmale im Odenwalde; endlich sind auf der Stumpfischen Karte von der Landgrafschaft Homburg mehrere derselben enthalten; auch enthält das Archiv für hessische Geschichte und Alterthumskunde noch einzelne Nachrichten über dergleichen Wälle.

Unterdessen erwähnen die römischen Schriftsteller, so oft sie auch darauf zurückkommen, nur eines Grenzwalles, welcher das Gebiet des römischen Weltreiches, gegen das Gebiet der Barbaren umschlossen habe, und, dieser Angabe entsprechend, nahmen unsere Alterthumsforscher bisher ebenfalls nur von einem, und zwar nur von einem äußeren Grenzwalle Notiz. —

Da man nun auch gerade in derselben Gegend, wo sich jene Vielheit von Partialbefestigungen vorfindet, den östlichen Theil des äußeren Grenzwalles nicht kannte, so schwebte man in Betreff dieses Gegenstandes bisher in der größten Ungewißheit.

Ich habe mir deshalb die nähere Aufklärung dieses Gegenstandes zur besonderen Aufgabe gewählt, und, in Beziehung auf den äußeren Grenzwall, habe ich gefunden, daß in der bisherigen Lücke, welche sich zwischen dem Kloster Arnsburg an der Wetter und der Stadt Miltenberg am Main befindet, sich eine Menge Reste eines römischen Grenzwalles vorfinden, und daß diesem Grenzwalle folgende Merkmale eigenthümlich sind:

1) In seiner Richtung sucht er, so viel als möglich die Thäler zu vermeiden, über den Quellen und Flüssen hinwegzugehen, und somit die Wasserscheide der Gebirge einzuhalten; wie dies auch der auf der hier angefügten Karte angedeutete Zug der vorgefundenen Reste deutlich zeigt.

2) Während der Grenzwall, welcher vom Taunus nach der Wetterau zieht, aus einem einfachen Walle, mit vorliegendem Graben besteht, und durch Castelle unterstützt wurde; und während der Grenzwall an der Donau aus Mauerwerk bestand, und ebenfalls Castelle besaß; bestand dieser Theil des Limes größtentheils aus einem dreifachen Walle, wovon jeder einzelne 5 Fuß Höhe hatte, mit einer Gesammtbreite von 100 bis 120 Fuß; daneben erscheint er hier und da ebenfalls nur einfach, während er an anderen Stellen doppelt und selbst sechs- und siebenfach auftritt. Er hat an vielen Stellen der Feld- und Waldkultur und den Straßenbauten weichen müssen; indessen finden sich doch noch Ueberreste desselben — die zum Theile eine ganze Stunde lang sind — an allen den Orten vor, wo dies die ausgezogenen beiden rothen Linien, in der hier beigefügten Karte, andeuten.

Da eine genaue Beschreibung dieser Ueberreste in unserer Geschichtsliteratur noch fehlt, so werde ich sie — im dritten Abschnitte hier folgen lassen.

Dieser Grenzwall tritt auf der Westseite bei Wüstwillenroth im Amte Birstein in unsere Provinz, durchzieht das Amt Birstein und die Markung Ubenhain des Amtes Wächtersbach; dann durchschneidet er, dicht unterhalb Salmünster, das Kinzigthal; er begleitet dann den, nach Orb führenden, Fußpfad bis an die bairische Grenze. Zwischen Vilbach und Flörsbach überschreitet er abermals unsere Grenze und zieht, längs der Birkenhainerstraße, bis an den, von Wiesen nach Bieber führenden, Fahrweg.

Indessen scheint dieser Theil des Limes — wie auch Andreas Buchner vermuthet — erst in der letzten Zeit der Römerherrschaft angelegt worden zu sein; da sich in seiner Nähe weder Castelle noch andere Spuren römischen Aufenthaltes vorfinden; es ist vielmehr höchst wahrscheinlich, daß die Römer in unserer Gegend, mit ihren Niederlassungen nicht alsbald bis an diesen Wall vorgedrungen sind, daß sie bereits früher ihre jeweiligen Wohnsitze ebenfalls mit Grenzwällen umgeben haben, und daß diesem Umstande jene inneren Wälle zugeschrieben werden müssen, welche wir bereits oben erwähnten.

Eine solche ältere Grenzwehr wurde wahrscheinlich vom Kaiser Hadrian angelegt, da Spartianus, in dessen Lebensbeschreibung Cap. 11 von ihm sagt: „Hadrian ließ da, wo keine Flüsse die natürlichen Grenzen zwischen den (römischen) Provinzen und Barbaren bestimmten, beide durch starke Verhacke (worunter wohl auch Gräben und Wälle zu verstehen sein mögten) von einander trennen."

Hiernach wurden die Flußbetten als natürliche Grenzwehren angesehen, und nur in den Zwischenräumen derselben wurden Wälle und Gräben zur Ergänzung derselben angelegt. Es paßt dieses System ganz besonders auf die noch vorhandenen inneren Grenzwälle in unserer Nähe, und es mögten, höchstwahrscheinlich folgende Ueberreste römischer Pfahlgräben — welche die Gegend von Frankfurt, Hanau, Windecken und Homburg nach Osten und Norden einschließen, diesem Systeme angehören; sie finden sich auf der hier angeschlossenen Karte ebenfalls eingetragen.

1. Verbindung der Kinzig mit dem Maine.

Diese Verbindung wurde hergestellt durch den sogenannten Pfaffendamm; derselbe läuft in einer Länge von 26,700 Kasseler Fuß; also etwas über eine deutsche Meile, von Großkrotzenburg bis nahe unterhalb Rückingen an die Kinzig; da wo er am vollständigsten erhalten ist, hat er eine Höhe von 5 und eine Breite von 40 Fuß; von Gräben ist nichts mehr sichtbar. Zwischen den Aeckern von Großkrotzenburg besteht er nur als Weg, und in dem Wiesenthale bei Rückingen erkennt man im Herbste seine Lage nur noch aus der brauneren Farbe des Rasens und aus den auf ihm hinziehenden Gewann- und Wiesengrenzen; außerdem hat er noch an zwei Sumpfstellen kurze Lücken.

Das Merkwürdigste an diesem Walle ist der Umstand, daß er durch seine ganze Länge hin nur eine gerade Linie bildet, und daß diese Linie genau in der Mittagslinie liegt.

II. Verbindung der Nidder mit der Kinzig.

Eine halbe Stunde oberhalb der Stelle, wo sich der Pfaffendamm an das linke Kinzigufer angeschlossen hat, geht vom rechten Ufer dieses Flusses ein Wall aus, welcher hier auch die Grenze der alten Marken von Diebach und Selbold bildet. In dem sumpfigen Walde bis zur Leipzigerstraße sind nur noch einzelne Spuren desselben sichtbar; von da erscheint er am Waldrande wie ein gewöhnlicher Heeggraben; erst jenseits des Waldes bildet der frühere Graben einen 24 Fuß breiten abgesonderten und 2 Fuß tiefen Ackerstreifen; — im Ravolzhäuser Felde ist er geebnet; doch heißt die Stelle seiner früheren Lage nach: „an der Landwehr;" von da zieht noch ein Graben nach der Leimenkaute am Schwarzhaupte; hier — hinter dem dasigen Steinbruche — liegt ein mächtiger Wall 130 Schritte lang mit 6 Fuß tiefen Gräben; weiterhin findet man im dasigen Walde noch fortwährend Spuren dieses Walles; stellenweise finden sich hier selbst doppelte Wälle mit dreifachen Gräben. Dieser Grenzwall bildet die Grenze zwischen den alten Marken Selbold und Köbel.

Auf der sogenannten langen Hohle, vor Hüttengesäß, macht diese Landwehr eine Schwenkung auf Marköbel, und bildet jetzt die Landesgrenze gegen das Großherzogthum Darmstadt; sie zieht an Feldern hin bis zum Marköbeler Steinbruche, dann geht sie den Berg hinab, über den Köbelbach, nach dem gegenüberliegenden Walde.

Im alten Flurbuche von Marköbel findet sich, als Gemeindegut eingeschrieben: „24³/₄ Morgen Landwehr zu Ackerfeld und 24 Morgen zu Wald angelegt."

Hier, an der Waldgrenze des Langenbergheimer Unterfeldes, nimmt der, 11,000 Fuß lange und eine gerade Linie bildende, noch sehr wohlerhaltene Wall, welcher am Dorfe Rommelshausen vorüberzieht, seinen Anfang: die Spuren seiner Fortsetzung können bis an das Niddaufer bei Oberau verfolgt werden.

Dieser Wall hat eine Solenbreite von 40 Fuß, seine Höhe beträgt an beiden Enden 5 Fuß; sie vermehrt sich jedoch im Walde, wo er mit Bäumen bewachsen ist, bis auf 12 Fuß.

III. Verbindung der Nidda mit der Nidder.

Wie dies auch Prof. Dieffenbach in seiner Urgeschichte der Wetterau beschrieben hat, beginnen beim Dorfe Eichen, am rechten Ufer der Nidder, sich die Reste eines Walles zu zeigen, welche, anfangs unter dem Namen Landwehr, einen Hohlweg bilden, weiterhin aber sich in einen förmlichen Doppelwall verwandeln; und welche hinter der Erbstädter-Warte hinziehen; dann die Landesgrenze bilden; weiterhin ist zwar der Wall abgetragen; seine Grundfläche bildet jedoch noch ein selbstständiges Grundstück, welches theilweise dem Grafen von Wächtersbach angehört.

Dieser Grenzwall lief, etwa 300 Schritte vom Dorfe Wickstadt auf das linke Nibbaufer.

Da die Lahn zu weit entfernt ist, so war zu vermuthen, daß sich dieses Befestigungssystem nicht an diesen Fluß, sondern an den Grenzwall angeschlossen habe.

Prof. Dieffenbach beschreibt a. a. O. S. 174 eine Landwehr, welche, zwischen Niederwöllstadt und Okarben, vom rechten Niddaufer ausgeht, die Frankfurterstraße überschreitet, in westlicher Richtung nach dem Rodheimerwalde: Alteburg fortzieht, wo sie eine nördliche Richtung annimmt, und am Saume jenes Waldes fortläuft, welche dann die Grenze bildet zwischen den Markungen Rodheim und Oberwöllstadt, und dann westlich weiter fortläuft.

Zwischen dem Forstenwalde und der Okarber Hinterwiese enthält diese Landwehr noch einen starken Wall, der größere Theil ist jedoch geebnet, und enthält nur noch einen Graben.

Die Fortsetzung dieser Grenzwehr findet sich jenseits Rodheim, wo die Straße von Rodheim nach Wehrheim von jener, welche von Köppern nach Oberroßbach führt, durchkreuzt wird; und heißt: „Waltersgraben." Es ist dies ein Wall von 40 Fuß Breite mit beiderseitigen Gräben; — der Wall hat stellenweise eine Höhe von 3 Fuß und die Gräben eine Tiefe von 7 Fuß.

Diese Grenzwehr zieht, in der Länge einer halben Stunde, der rechten Seite der Straße nach Wehrheim entlang, bis dahin, wo der, nach Pfaffenwißbach führende, Fußpfad von ihr abgeht; von da folget sie diesem Fußpfade bis zum Taunuspfahlgraben.

Die Wälle dieses Begrenzungssystems sind beinahe sämmtlich einfach, haben eine beiläufige Breite von 40 Fuß, und sind nur zum Theile mit beiderseitigen Gräben versehen; — dasselbe hadrianische System scheint auch der Grenzwehr zu Grunde zu liegen, welches wir auf der linken Seite des Mains, zwischen der Gersprenz, der Mümmling und dem Neckar antreffen; doch sind die hier noch vorhandenen Anlagen von den eben beschriebenen sehr verschieden.

Es sind diese Grenzwehren ebenfalls im Innern des großen äußeren Pfahlgrabens gelegen, und gehen ebenfalls von Flußbett zu Flußbett; allein die Strecke von der Gersprenz bis zum Mümmling bestand, und besteht zum größeren Theile noch, aus 3 Wällen von 5 Fuß Höhe mit einer Gesammtbreite von 100 Fuß; sie hat daher, in Beziehung auf ihr Profil, mit der durch den Spessart und über den Vogelsberg ziehenden Grenzwehr eine auffallende Aehnlichkeit; — und die Strecke zwischen der Mümmling und dem Neckar bestand aus einem Befestigungssysteme, welches aus einer Reihe von Wällen und Castellen zusammengesetzt war. Letztere Strecke ist vom Staatsrath Knapp, in einer besonderen Brochüre beschrieben,*) und vom Steuerkommissar Decker zu Beerfelden im 1. Hefte des VII. Bandes des Archives für hessische Geschichte und Alterthumskunde ergänzt worden

---

*) J. F. Knapp, Röm. Denkmale des Odenwaldes. 2. Aufl. Darmstadt, 1851.

Ueber erstere Strecke findet sich in der Literatur nirgends eine Notiz, weßhalb ich sie hier näher beschreiben will.

An der, oberhalb Stockstadt, an der Gersprenz gelegenen Papiermühle, und zwar am sogenannten eisernen Pfahle, nimmt diese Grenzwehr ihren Anfang; sie bildet jetzt die Grenze zwischen Baiern und Hessendarmstadt, und zieht im Walde über die, von Aschaffenburg nach Dieburg führende, Straße, bis dahin, wo das Feld der Gemeinde Schafheim die Landesgrenze berührt, in ihrer ganzen Breite, $^9/_{12}$ geographische Meilen lang fort. In dieser Strecke, und zwar da, wo der Weg von Großostheim nach Babenhausen sie überschreitet, umschließt diese Grenzwehr ein Dreieck, und es wurde die Landesgrenze mitten durch dieses Dreieck gelegt. Längs der schafheimer Feldmark fehlt dem Limes ein Wall und ein Graben; derselbe besteht daher hier nur noch aus 2 Wällen und 3 Gräben; diese Strecke hat eine Länge von $^1/_6$ Meile.

Bis in die Nähe des weiterhin, auf der Höhe stehenden Wartthurms, bildet der Limes noch fortwährend die Landesgrenze; er ist jedoch in Ackerfeld umgewandelt; doch ist ein Rest seiner ursprünglichen Breite noch als besonderes Grundstück abgesondert, von den queraufstoßenden Ackerbeeten, vorhanden.

Von da zog dieser Grenzwall an der Westseite des Dorfes Mosbach vorüber und erreichte die Landesgrenze wieder an der Ostseite des Dorfes Dornbiel; — einige Spuren finden sich hier noch im Felde und im Walde; — bevor sein Zug jedoch das, unterhalb Dornbiel befindliche, Thal der Amorbach erreicht, finden sich im Walde noch deutliche Ueberreste desselben, welche auch in die Generalstabskarte des Großherzogthums Hessen eingetragen sind; — es bestehen dieselben aus einem 8 Fuß tiefen Graben, mit beiderseitigen Wällen; — jenseits des Thales überschreitet der Limes den Grenzberg, und erreicht das Mimmlingsthal nahe unterhalb der Spatmühle. Es befindet sich in dieser Strecke ein breiter 5 Fuß tiefer Graben im Walde, welcher hier und da auch mit Wällen begrenzt ist, als letzter Rest dieser, im Ganzen $2^1/_{12}$ Meilen langen, Grenzwehr.

Auf einer, im Besitze des alten Wirthes Hock in Stockstadt befindlichen, sehr alten, Karte von Nikolaus Person, ist dieser ganze Zug als eine einheitliche Landwehr eingetragen; auch habe ich ihn in die hier angefügte Karte eingezeichnet.

Finden wir auch in den vielen übrigen großartigen Wällen und Gräben, welche in unserer Gegend vorkommen, nicht denselben systematischen Zusammenhang, wie in den bis daher beschriebenen, so werden wir doch nicht umhin können, einen großen Theil derselben den Römern zuzuschreiben.

Denn, wenn auch die alten Germanen anfingen — gleich den Römern — ihre Feldlager mittelst Wällen zu befestigen; — wenn auch, im Mittelalter, die Stadt Frankfurt es unternahm ihr Gebiet mit einem Grenzwalle zu umgeben; — wenn auch in der Wetterau einzelne Gemeinden dasselbe auszuführen versuchten, so hatten diese Werke doch nur eine sehr beschränkte Ausdehnung, und es läßt sich ihr Zweck noch leicht aus ihrer Lage erkennen; dagegen läßt sich bei den römischen Werken ein solcher Zweck nicht mehr wahrnehmen; auch haben sie meist eine größere, sich über mehrere Markungen erstreckende, Ausdehnung, da sie sich als Ueberreste einer zeitweiligen Reichsgrenzwehr darstellen.

Wie wandelbar die Ausdehnung der römischen Wohnsitze in unserer Gegend war, geht nicht allein aus der römischen Geschichte hervor — wonach die Römer selbst mehrmals über den Rhein zurückgetrieben worden sind — sondern auch aus den Ergebnissen der jetzt stattfindenden Ausgrabung der Saalburg, wonach diese mehrmals zerstört und wieder aufgebaut worden ist.

Unsere Gegend war der hauptsächlichste Tummelplatz der unaufhörlichen Kämpfe der tapferen Katten mit den kriegsgeübten römischen Heeren, und in Folge des wechselnden Kriegsglückes, rückte die Reichsgrenze bald vor, bald zog sie sich wieder zurück, bis endlich Probus sie auf die Wasserscheide des Spessarts des Landgerichtes Orb und des Amtes Birstein vorschob, wo dessen Nachfolger sie jedoch nicht lange zu vertheidigen vermochten.

Von den hier in Rede stehenden Einzelwerken befinden sich in der Provinz Hanau noch folgende:

1) Am Nummerstein 102 der Straße, welche von Birstein nach Lichenroth führt, durchschneidet eine, der Gemeinde Fischborn angehörige, Viehtrift: „Strichtrieb" genannt, diese Straße. Jene Trift läuft dann neben dieser Straße, 10,000 Fuß lang, bis zum Todtenhofe jener Gemeinde herab.

An ihrem oberen Ende enthält sie 4 Wälle von 5 Fuß Höhe, weiterhin verflachen sie sich zwar, ohne alle Spuren ganz zu verlieren; dagegen treten sie am Todtenhofe wieder deutlicher hervor; aber auch bei Nr. 93 waren noch im Jahre 1840 vollständige Wälle vorhanden, welche durch die Straßenanlage beseitiget worden sind.

2) Der Wall auf der Südseite von Gelnhausen; derselbe nimmt am Niederhofe bei Lanzingen seinen Anfang und folgt, an der Königl. bairischen Grenze, dem Fußpfade, welcher von Bieber nach Gelnhausen führt, bis auf die Wasserscheide des Bergrückens; — von da folgt er einem nach Eibengesäß führenden Wege bis zum Ausgange des Waldes, wo er sich rechts wendet, und am Saume dieses Waldes fortläuft, bis in das Ackerfeld, wo er plötzlich abbricht; — von da hat er wahrscheinlich den altenhaßlauer Galgenberg umzogen; denn er tritt in der Nähe von Höchst an jenem Fußpfade wieder auf der von Altenhaßlau nach Cassel führt.

Die noch vorhandenen Theile haben die Länge einer Wegestunde, und seine ganze Länge beträgt 2 Stunden. Seine Höhe beträgt stellenweise 12 Fuß und seine Breite 60 Fuß.

3) Der Grenzwall auf der Landwehr, zwischen der früheren Grafschaft Hanau und der Mark Selbold.

Dieser Wall nimmt am rechten Kinzigufer, ³/₄ Stunden oberhalb Hanau, „am eisernen Pfahle," seinen Anfang; es ist nur ein flacher Damm von 30 Fuß Breite mit einem einfachen Graben; — doch bevor er die Leipzigerstraße erreicht, erscheint der Wall doppelt, hat eine Breite von 60, und eine Höhe von 6 Fuß. Jenseits der Leipzigerstraße bildet die Landwehr 20,000

Fuß, oder ¾ Meilen lang ein einheitliches Grundstück, von 36 bis 60 Fuß Breite, welches dem Landsäckel des Amtes Bücherthal angehört; von dem Fallbache anfangend, befindet sich auf diesem Rasenstreifen ein Wall, welcher stellenweise verdoppelt und mit dreifachen Gräben auftritt, dann wieder verschwindet, bis er jenseits des, von Bruchköbel nach Langendiebach führenden, Weges noch größere Dimensionen annimmt, da er hier 10 Fuß Höhe erreicht und stellenweise sich verdoppelt, bis er, dicht vor dem Dorfe Oberissigheim, plötzlich abbricht.

4) Die Landwehr zwischen Niederdorfelden und Bischofsheim; dieselbe besteht aus einem 10 Fuß hohen und 1700 Fuß langen Walle und zwei Gräben, welche von der hohen Straße, am westlichen Waldsaume herab, gegen Niederdorfelden hinziehen; diese Landwehr verschwindet in den beiderseitigen Thälern, ist indessen in der Nähe des Dorfes Niederdorfelden wieder sichtbar; sie scheint die Nibba mit dem Maine verbunden zu haben.

Eine noch andere Art von römischen Denkmalen in unserer Gegend bilden die Römerstraßen; ich habe diejenigen derselben, die zu meiner Kenntniß gekommen sind, in die angefügte Karte eingetragen.

Zwar bildeten die Römer ihre großen Heerstraßen jenseits des Rheins aus mehreren Lagen von Cement mit größeren und kleineren Steinen vermengt, in einer Gesammtdicke von 3 Fuß; — daneben bauten sie jedoch — besonders in späterer Zeit — andere schmalere Nebenstraßen, deren Steinkörper keinen Kalk enthielt, und kaum die Dicke von einem Fuß hatte; zu letzteren scheinen diejenigen der hiesigen Gegend meist gehört zu haben; — wir können sie — sofern sie Spuren einer künstlichen Steinbahn an sich tragen — von unseren neueren Straßen umsoleichter unterscheiden, als das Alter dieser letzteren nirgends über das Jahr 1760 hinausreicht, daher die Erinnerung an deren Entstehung noch fortbesteht.

Um nun noch die Merkmale anzudeuten, wodurch sich mittelalterliche Bauwerke von den römischen unterscheiden, wird es genügen darauf aufmerksam zu machen, daß die ältesten mittelalterlichen Bauwerke aus dem Anfange des achten Jahrhunderts stammen, und daß bis dahin unsere Vorfahren bereits die Bereitung des Eisens und Stahles, so wie des Kalkes und Mörtels kennen gelernt hatten.

Ihre massiven Bauwerke waren zunächst Kirchen und Klöster, und später waren es Ritterburgen und Stadtmauern. Die Ritterburgen bestanden aus kleinen, von wenigen Personen zu vertheidigenden, schmal und hoch gebauten, aus dickem Mauerwerke construirten, Festungen; — wogegen, bei den Castellen der Römer, die Schutzwehr in den Wällen bestand, und die Gebäude des Innern nur zu Wohnungen für eine größere Anzahl von Streitern dienten, diese Gebäude waren nur niedrig und aus dünnen Mauern konstruirt.

Die ältesten mittelalterlichen Gebäude unserer Provinz sind wahrscheinlich die Oelakapelle zu Gelnhausen und die Kapelle auf den Butterstädterhöfen.

Die inländischen Burgruinen sind jene der Herrn v. Buchen zu Niederdorfelden und zu Wachenbuchen, die Burgen zu Gelnhausen, zu Stolzenberg bei Salmünster, zu Steckelberg bei Ramholz und jene zu Schwarzenfels; ferner die Burg zu Birstein und zu Rückingen; endlich die Burgruine zu Hüttengesäß an der Kahl; wir werden sie in der Ortsgeschichte näher kennen lernen.

Die interessantesten auswärtigen Ritterburgen unserer Gegend sind jene zu Gemünden, Alzenau, Steinheim (Schloßthurm), Eppstein, Königstein, Reiffenberg, Falkenstein, Kronberg, Homburg (Schloßthurm), Friedberg, Münzenberg, Harbeck und Ronneburg; — unter ihnen macht sich die Ronneburg, da sie hoch und der Mitte unserer Provinz sehr nahe liegt, ihren Bewohnern am meisten bemerkbar.

Erster Abschnitt.
Die alten Germanen.

§. 1.
Urzustände.

Gestehen wir es offen: wir stammen alle von Menschen=
gesellschaften, die sich mühsam und beharrlich aus dem Zustande
völliger Unwissenheit und Wildheit (der Thierheit) emporarbei=
ten mußten; die ursprünglich nur allein von ihrem Instinkte
geleitet wurden, und bei denen nur nach und nach die ihnen
innegewohnten Geisteskräfte und sittlichen Gefühle zur Ausbil=
dung gelangt sind.

Denn, wer war wohl da, der sie zur Quelle führte, um
ihren Durst zu löschen; wer konnte ihnen die Baumfrüchte zei=
gen, die ihren Hunger zu stillen vermochten; wer lehrte sie das
Schaf und Rind zähmen, sich ihrer Milch, ihres Fleisches und
ihrer Häute zur Befriedigung ihrer Bedürfnisse zu bedienen; —
wer lehrte sie Jagdgeschosse anfertigen; wer unterrichtete sie im
Fischfange, im Erbauen von Wohnungen ꝛc.??

Es war überall derselbe Instinkt, der auch den Vogel lehrt
seine Nahrung aufzusuchen, und sein Nest zu bauen.

Erst nach und nach kamen sie über den Sinn überein, den
sie jedem Tone ihrer Stimme beilegen wollten, und so entstand
die Sprache, welche das Werkzeug darbot, zur wechselseitigen
Mittheilung von Gedanken und Gefühlen.

Erst auf diesem Stadium trat, an die Stelle des dumpfen
Gefühllebens, ein selbstbewußtes Geistesleben ein; der Gedanken=

austausch) rief eine Concurrenz der Geisteskräfte unter den sämmtlichen Gesellschaftsgliedern hervor; die Ideen und Erfahrungen jedes Einzelnen wurden zum Gemeingute der ganzen Gesellschaft, und so betrat sie die Bahn ihrer selbstständigen Entwicklung und ihres berufsmäßigen Fortschreitens.

Wenn, bei diesem Uebergange, aus dem dumpfen Gefühlleben, in das selbstbewußte Geistesleben, dasjenige, was der blinde Instinkt bewirkt hatte, der freien Entschließung anheimfiel, so blieben doch die leitenden Grundprinzipien dieselben; — zuoberst stand das Prinzip der Selbsterhaltung, weil von diesem, nach wie vor, die Fortexistenz der Gesellschaft abhing; — ihm zunächst stand — und zwar aus demselben Grunde — die Mutterliebe und der Geschlechtstrieb; — diesem schlossen sich an, die unerläßlichen Bedingungen jedes einträchtigen Zusammenwirkens: die Wahrhaftigkeit, Redlichkeit und Treue.

So wie die berufsmäßige Entwicklung der menschlichen Gesellschaft von jenem einträchtigen Zusammenwirken abhängt, so hängt sie auch von der Hervorbringung, dem Erwerbe und Besitze der materiellen Güter ab; eine wesentliche Bedingung dieses Hervorbringens, Erwerbes und Besitzes, bildet aber das Eigenthumsrecht; — die Anerkennung dieses Rechtes — des Rechtes auf den Besitz der Früchte der Arbeit eines Jeden, ist daher dem Menschen, durch seinen Instinkt, schon in seinem Urzustande eingepflanzt, und dieses Prinzip haben bisher alle Völker, auf jeder weiteren Stufe ihrer Entwicklung, als heiligzuhaltende Grundlage ihrer Gesittung und Cultur angesehen.

Die bewohnte Grundfläche war ursprünglich herrnlos; das Eigenthum derselben fiel überall dem zu, der sie benutzte; jedes neu gerodete und bepflanzte Grundstück gehörte dem, als unbeschränktes Eigenthum, an, der es gerodet und bepflanzt hatte; nur durch Eroberung konnten ganze Landstriche Eigenthum eines Grundherrn werden, und so war es unmöglich, daß Grundherrn vor den Anpflanzern existirten.

Erst nachdem die unerläßlichen materiellen Bedingungen beberufsmäßigen Entwicklung ihre Befriedigung gefunden — nach=

dem das selbstbewußte geistige Leben einige Fortschritte gemacht hatte, machte sich das Religionsbedürfniß geltend. Die Ahnung eines allmächtigen Urhebers aller Dinge, einer ewigen Weisheit und Gerechtigkeit; — die Hoffnung auf eine jenseitige Befriedigung der diesseits gehegten Wünsche, rief unter allen Völkern Versuche ins Leben, diesem inneren Gemüthsdrange einen äußerlichen Ausdruck zu geben.

So entstanden die Anbetung der Sonne und der übrigen Himmelsgestirne, die Begräbnißceremonien und die Opfer.

Der Opferdienst gab die Veranlassung zur Entstehung eines Priesterstandes, und eine gewisse Staatsklugheit benutzte dieses Religionsbedürfniß zur Verbreitung von Tugendlehren und zur Heiligung der bestehenden gesetzlichen Ordnung.

§. 2.
Ursprünglicher Kriegszustand.

Die erste Entstehung und Verbreitung des Menschengeschlechts kann nur von einer Gegend mit mildem Clima ausgegangen sein, von einer Gegend, wo es keine so strenge Winter gibt, wie in Deutschland; — denn nur mittelst einer gewissen bereits erlangten gewerblichen Bildung und Erfahrung, kann eine Menschengesellschaft, während einer so langen Periode der Kälte und des Stillstandes aller Vegetation, ihr Leben fristen; es muß daher angenommen werden, daß sich dieser erste menschliche Wohnsitz in Südasien oder Nordafrika befunden hat, und daß von da die Einwanderung in kältere Länder, und so auch nach Germanien und unsere Gegend erfolgt ist.

Es war hiernach zur Bevölkerung der kälteren Gegenden ein Wandern unerläßlich; welches jedoch erst dann erfolgen konnte, nachdem jene ursprüngliche Menschengesellschaft die Mittel gefunden hatte, die Beschwerden der Winterwitterung zu ertragen.

Wenn indessen die ersten Auswanderer überall nur unbewohnte Gegenden vorfanden, und wenn sie daher nur mit den daselbst lebenden Raubthieren Kämpfe zu bestehen hatten; so verhielt sich das doch mit den nachfolgenden Auswanderern anders; diese mußten die früheren Auswanderer aus ihren Wohnsitzen vertreiben, und dies konnte ohne blutige Kämpfe nicht geschehen. Aber auch selbst da, wo eine Einwanderung nicht stattfand, veranlaßte der Mangel an festen Grenzen, für die von jeder Horde in Anspruch zu nehmenden Jagdbezirke, Waideplätze und Fischwasser, einen unaufhörlichen Hordenkampf; — einen Kampf, welcher bis daher beinahe bei allen, auf den unteren Culturstufen stehenden Menschengesellschaften angetroffen worden ist; — welcher — ist er einmal ausgebrochen — durch die wechselseitige Schädigungen immer neuen Rache= und Blutdurst hervorruft, und welcher oft zum Vertilgungskriege ganzer Völkerschaften ausartet; es ist dies ein Kampf, dem diese Horden alle ihre — von der eigene Ernährung zu erübrigenden — Kraft und Zeit zuwenden, und welcher ihr Gemüth jeder milderen Regung verschließt.

Daß auch unsere Vorfahren, die alten Germanen, in einen solchen Kampf verwickelt waren, das können wir schon aus den, in der Einleitung beschriebenen, Ringwällen, und aus den in ihren Gräbern befindlichen Waffen schließen. Da sie die Schreibkunst nicht kannten, so können wir zwar schriftliche Zeugnisse von ihnen selbst nicht aufweisen; dagegen haben uns die Römer, welche in ihr Land eingedrungen sind und sich fortwährend mit ihnen im Krieg befanden, mehrfache Nachrichten von diesen ihren Kämpfen hinterlassen.

So beschreibt auch Tacitus im 29—33. Capitel seiner Germania den kriegerischen Geist und die Kämpfe der verschiedenen germanischen Völkerschaften; er ruft dann in seinem einseitigen römischen Patriotismus aus: „bleibe doch, so flehe ich, diesen Völkern und bestehe fort, wenn Liebe nicht zu uns, doch wieder einander, Haß; weil bei des Reiches drohendem Verhängniß ja nichts Größeres das Schicksal uns gewähren kann, als Feindes Zwietracht!"

Aehnlich ist der Ausspruch Senecas, wenn er sagt: „Was ist herzhafter als die Deutschen, was im Angriffe heftiger, was begieriger nach den Waffen, in denen sie geboren und erzogen werden, auf die sie ihre einzige Sorge verwenden, während sie alles Uebrige vernachlässigen? Man gebe diesen Körpern, diesen Gemüthern, die nichts von der Ueppigkeit, dem Wohlleben und Reichthümern wissen, Vernunft und Kriegsübung, und wir werden bald genöthiget sein, die alten römischen Sitten wieder anzunehmen."

Ihre Waffen waren lange Spieße und kurze, zu Stoß und Wurf bestimmte Pfriemen (Frameas); sie hatten Schilde zum Schutze ihres fast nackten Körpers; allein diese bestanden blos aus Weidengeflechten und aus buntgefärbten Brettern.

Jeder freie Waffenfähige war Krieger und zur Theilnahme am Vertheidigungskampfe verbunden; auch erschien er nie öffentlich ohne Waffen, und er bekam sie selbst mit, in sein Grab.

In den Krieg folgten Weiber und Kinder, und das Zusammenordnen erfolgte nach Familienverwandtschaften, es focht daher jeder unter den Augen seiner nächsten Angehörigen und unter dem ermuthigenden Zurufe derselben; zu den Müttern und Gattinnen brachten sie ihre Wunden.

Zu Einfällen in fremde Länder war niemand verbunden; Krieger, die den Ruhm der Tapferkeit besaßen, erließen Aufrufe zu Kriegszügen, denen sich dann Gefolge freiwillig anschlossen.

§. 3.
Sitten und Gewohnheiten der alten Germanen.

Ueber die übrigen Sitten und Gewohnheiten der alten Germanen können wir ebenfalls nur bei den alten Römern, und vorzugsweise nur bei Tacitus einige zuverlässige Nachrichten finden; derselbe sagt im 4. Cap. seiner Germania: „Die Leibesbildung ist, trotz der großen Menschenzahl, bei allen dieselbe: wildblickende blaue Augen, röthliches Haar, hoher, kräftiger Körperbau;" ferner Cap. 18: „Streng sind ihre Ehen, und in keinem Punkte möchten ihre Sitten mehr zu loben sein; denn sie sind die Einzigen unter den Barbaren, die mit einem Weibe sich begnügen." Ferner Cap. 23: „Zum Getränk dient ihnen ein Aufguß auf Gerste oder Korn, zu einiger Aehnlichkeit mit Wein gegohren — die nächsten (Rhein) Uferbewohner erhandeln auch Wein. Ihre Speisen sind einfach: wildes Obst, frisches Wild und geronnene Milch. Ohne Zurüstungen, ohne Leckereien vertreiben sie den Hunger; gegen den Durst beobachten sie nicht dieselbe Mäßigung. Wollte man ihrer Trunksucht willfahren — sie würden leichter durch Laster als durch Waffen zu besiegen sein."

Dagegen bemerkte Cäsar 170 Jahre früher: „Sie wenden keinen Fleiß auf den Ackerbau; ihre Nahrung besteht meistens in Milch, Käse und Fleisch."

Cap. 17 a. a. O. sagt Tacitus: „Zur Bedeckung haben alle einen Kriegsrock, der mit einer Spange oder, wenn die mangelt, mit einem Dorn zusammengehalten wird; — übrigens unbedeckt, bringen sie ganze Tage neben dem Heerde am Feuer zu. Die Wohlhabendsten zeichnen sich durch ihre Kleidung aus, die nicht, wie die der Sarmaten und Parther, weit ist, sondern eng anschließt und jedes Glied stark hervortreten läßt."

„Sie tragen auch Felle wilder Thiere; — sie wählen dazu besonderes Wild, ziehen das Fell ihm ab, und besetzen es hier und da mit Flecken und Häuten von Thieren, die der äußerste Ocean und ein unbekanntes Meer erzeugt. Und nicht anders ist der Frauen als der Männer Tracht, nur daß die Frauen sich häufiger in Leinwand kleiden, diese mit Purpurstreifen zieren, und den oberen Theil der Kleidung nicht in Aermel auslaufen lassen, Oberarm und Unterarm entblößt; aber auch des Busens nächster Theil ist bloß."

Ueber ihre Religion sind die Nachrichten der alten Römer sehr oberflächlich; — anderntheils scheint es zweifelhaft, daß die altdeutsche Mythologie, wovon Norddeutschland und Skandinavien noch geschichtliche Urkunden aufweisen, in unserer Gegend ebenfalls ihre Heimath hatte. Cäsar sagt von den Deutschen: sie beteten die Sonne, den Mond und das Feuer an; dagegen sagt Tacitus im 2. Cap. seiner Germania: „Sie feiern in alten

Liedern ... ben, der Erde entsprossenen, Gott Tuisko und den Sohn desselben, Manus, Stamm und Gründer ihres Volkes; dem Manus schreiben sie drei Söhne zu, nach deren Namen, die dem Ocean zunächst wohnenden: Ingävonen, die in der Mitte: Hermionen und die Uebrigen Istävonen heißen."

Uebrigens geht so viel aus den zu uns gekommenen Nachrichten hervor, daß sie zur Verehrung ihrer Gottheit heilige Haine, ferner, daß sie Priester besaßen, und daß sich unter ihnen hochgeehrte weissagende Jungfrauen befanden.

Ueber die Behandlung ihrer gemeinsamen Angelegenheiten können wir auch nur bei Tacitus einige sichere Andeutungen finden; im Cap. 7 seiner Germania heißt es: „Könige wählen sie nach dem Adel, Feldherren nach der Tapferkeit. Wie die Könige keine willkürliche Gewalt haben, so führen auch die Feldherren mehr durch Beispiel als Befehle. ... Uebrigens ist weder hinzurichten, noch zu fesseln, noch zu schlagen einem gestattet, außer den Priestern; und nicht wie zur Strafe, noch auf des Feldherrn Geheiß, sondern wie, wenn es die Gottheit geböte, von welcher sie glauben, daß sie den Kämpfenden gegenwärtig sei; weshalb sie auch Bildnisse und gewisse, aus Hainen hervorgeholte Zeichen mit in die Schlacht nehmen."

Ferner Cap. 11: „Ueber geringe Sachen rathschlagen die Häupter; über größere Alle; so jedoch, daß auch das, worüber das Volk zu bestimmen hat, von den Häuptern zuvor in Ueberlegung gezogen wird."

„Sie kommen, wenn nicht ein zufälliges, plötzliches Ereigniß vorfällt, an bestimmten Tagen, entweder beim Neumond oder Vollmond zusammen.*) — Sobald es dem Haufen gutdünkt, setzen sie sich bewaffnet nieder; Schweigen wird von den Priestern geboten, welche auch das Strafrecht haben. Dann läßt sich der König, oder ein Häuptling, wie Alter, wie Adel, wie Kriegsehre, wie Wohlredenheit einen derselben berechtigt, ver=

---

*) Beim Mangel eines Kalenders war dies das einzige Mittel, den Zeitpunkt der Zusammenkunft im Voraus zu bestimmen. A. d. V.

nehmen; mehr mit dem Ansehen der Ueberredung, als mit der Macht des Befehles. Mißfiel die Meinung, so verwerfen sie dieselbe mit Gemurr; gefiel sie, so schlagen sie die Framen zusammen."

Ferner Cap. 12: „Erlaubt ist auch vor der Versammlung zu klagen und auf Todesstrafe anzutragen; der Unterschied der Strafen richtet sich nach dem Vergehen; Verräther und Ueberläufer hängen sie an Bäumen auf; — Feige, Kriegsscheue, am Körper geschändete, versenken sie — noch eine Horde darüber werfend — in Schlamm und Sumpf."

„Auch auf leichteren Vergehen steht eine bestimmte Strafe; die Ueberführten müssen mit einer bestimmten Anzahl von Pferden und Schafen büßen; — ein Theil dieser Buße wird dem Könige, oder der Gemeinde, der andere dem Beleidigten selbst, oder seinen Verwandten zugetheilt."

„Ferner wählt man auch in diesen Versammlungen die Häupter, welche in den Gauen und Gemeinden Recht sprechen. Jedem steht ein Geleit von Hunderten*) aus dem Volke, als Rath und zu größerem Ansehen zur Seite."

Ferner Cap. 13: „Nichts aber, weder von den öffentlichen, noch von Privatgeschäften verhandeln sie anders, als bewaffnet. Doch die Waffen zu tragen erlaubt die Sitte keinem früher, als bis die Gemeinde ihn dazu bewährt gefunden hat; dann schmückt als Jüngling ihn in der Versammlung selbst, entweder eines der Häupter, oder der Vater oder ein Verwandter mit dem Schilde und der Frame. Das ist ihre Toga, dies ist der Jugend erste Ehre; — vorher erschienen sie nur als der Familie, jetzt als des Staates Glieder. Ausgezeichneter Adel, oder große Verdienste der Väter legen indessen auch schon den erst Heranwachsenden, Häuptlingswürde bei."

Unterdessen hatten diese Germanen auch Sklaven; Tacitus sagt hierüber im 25. Cap. seiner Germania: „Die Sklaven

---

*) Unter dem Ausdrucke: „Hundert" verstand man im Uebrigen eine Marktgemeinschaft.

brauchen sie nicht so wie wir, daß die Geschäfte der Dienerschaft unter sie vertheilt sind; sondern jeder schaltet über ein eigenes Haus, über eigne Penaten. Eine bestimmte Menge Getreide, Vieh oder Kleidungsstücke legt ihm sein Herr, wie einem Lehnsmann, auf, und insoweit gehorcht er ihm als Sklave. Die Geschäfte des Hauses dagegen verrichtet die eigene Frau und ihre Kinder."

„Einen Sklaven zu geißeln, oder ihn durch Bande und Arbeit zu züchtigen, geschieht selten. Zu tödten pflegt man sie nicht, der Zucht und Strenge wegen, sondern nur in der Aufwallung des Zornes, und zwar ungestraft."

„Freigelassene sind nicht viel mehr als Sklaven, haben selten einiges Gewicht im Hause, nie in der Gemeinde; nur bei den Völkern ausgenommen, die unter Königsherrschaft stehen; denn da erheben sie sich selbst über Freigeborne, selbst über den Adel."

Cap. 16 sagt er: „Daß die Völker Germaniens keine Städte bewohnen, ist hinreichend bekannt;*) sie leiden nicht einmal mit einander verbundene feste Wohnsitze. Abgesondert und zerstreut, bauten sie sich an, wie eine Quelle, ein Feld, ein Ge-

---

*) Der Umstand, daß die Germanen zu jener Zeit keine Städte hatten, und daß sie — nach Tacitus Hist. IV. Cap. 64 — den, die Stadt Cöln bewohnenden, Ubiern gegenüber, eine entschiedene Abneigung gegen das Städteleben an den Tag legten, hat einige unserer Gelehrten verleitet, diese Erscheinung einer besonderen Nationaleigenthümlichkeit zuzuschreiben; es war dies aber eine nothwendige Folge ihres damaligen Culturzustandes. Die Germanen waren ein Nomadenvolk, welches nur von den Produkten seiner wandernden Heerden gelebt, erst seit Kurzem feste Wohnsitze gegründet und mit dem Ackerbaue die ersten Versuche gemacht hatte. Es wurden die sämmtlichen Bedürfnisse eines jeden in seinem eigenen Hause, durch ihn selbst und durch seine Sklaven, befriedigt; für eine Bevölkerung von Gewerbs- und Handelsleuten, auf welcher die Existenz der Städte beruht, gab es weder Beschäftigung noch Einkommen; nur höhere Culturzustände rufen Städtebevölkerung ins Leben; — diese Erscheinung ist daher keine eigenthümlich germanische; sie wiederholt sich auf allen Theilen der Erde, die sich auf derselben Stufe der Cultur befinden.

holz ihnen eben gefiel; Dörfer legen sie nicht an nach unserer Weise." An anderen Stellen spricht er jedoch auch von Weilern und Dörfern.

Zwei Eigenschaften sind es, die diese Völker vorzugsweise auszeichneten, und auf welche sich noch heute die Vorzüge der von ihnen abstammenden europäischen Völker gründet; es ist dies der Sinn für Freiheit und Selbstständigkeit, und die Sitte der Monogamie; — diese beiden Eigenschaften sind es zugleich, auf welchen die heutige europäische Cultur größtentheils beruht.

Zweiter Abschnitt.

Römerherrschaft.

---

§. 4.
Geschichte der Römer.

An den Ufern der Tiber wohnte einst ein rohes Volk, welches sich schon frühzeitig in zwei Stände theilte; die Patrizier und die Plebejer; — in Friedenszeiten unterhielten dieselben einen beständigen Kampf um ihre beiderseitigen Rechte, und stählten darin ihren männlichen Muth; — kam es dann zum Streite mit einem Nachbarvolke, so vereinigten sich beide Stände und behielten so, beinahe immer, das Uebergewicht; dies führte sie zur Eroberung aller Nachbarländer und zur Unterjochung ihrer Bewohner; — auf diese Weise erwuchs aus ihren unansehnlichen, nur mit einem Ringwalle befestigten, bescheidenen Hütten, eine stolze Stadt — das mächtige Rom, und bald dehnte sich dessen Herrschaft über den größten Theil Italiens aus.

Die immer häufiger, und in einem größeren Maaßstabe geführten Kriege steigerten ihre Geschicklichkeit in deren Führung und in der Organisation ihrer Heere; die errungenen Siege lieferten Lorbeeren und reiche Beute.

Die Verwaltung weitläufiger eroberter Länder lieferte den Stoff zu vielfältigen Versuchen in der Staatsverwaltung und Justizpflege, und die republikanische Verfassung rief einen Wettkampf auf der Rednerbühne hervor, aus welchem die große Ausbildung ihrer Sprache hervorgieng.

Unterdessen erfreute sich das, jenseits des mittelländischen Meeres gelegene, Handels- und gewerbthätige Carthago viel größerer und soliderer Reichthumsquellen, und dies reizte die Eifersucht der stolzen Römer, und es entspann sich mit ihm ein langjähriger Kampf, aus welchem letztere abermals als Sieger hervorgiengen. Von nun an kannte ihre Ruhmsucht und ihre Ländergier keine Grenzen mehr; sie eroberten Macedonien, Syrien, Griechenland, Aegypten, Spanien, Frankreich und Großbrittanien, und drangen in Deutschland bis zur Donau und Elbe vor.

Waren sie den, von ihnen unterjochten, griechischen Völkern des Morgenlandes in persönlicher Tapferkeit, in der Kriegskunst und Staatsverwaltung überlegen, so standen sie ihnen doch in jeder anderen Art von Bildung und Cultur weit nach; — die durch eine höher ausgebildete Wissenschaft und Kunst, so wie durch ein weiter entwickeltes Gewerbswesen geschaffenen Produkte dieser Völker wußten sie sich zwar, durch die Gewalt ihrer Waffen, anzueignen; — allein es diente dies nur zur Steigerung ihrer Genußsucht und eines grenzlosen Luxus; — für höhere Lebenszwecke unempfänglich, mußte dies Verweichlichung und Sittenverderbniß herbeiführen, wodurch dann auch ihr früherer Heldensinn verloren, und hiermit ihr ganzes Staatsgebäude seinem Untergange entgegengieng.

§. 5.
Die Römer in der unteren Maingegend.

Dem hier zu gebenden Ueberblick, über die Römerherrschaft in unserer Gegend, wollen wir die chronologische Uebersicht zum

Grunde legen, welche Dr. Römer-Büchner seinen verdienstvollen Beiträgen zur Geschichte der Stadt Frankfurt angefügt hat; dies gibt uns zugleich eine passende Gelegenheit, unsere Ansicht über die Entstehung der, in der Einleitung beschriebenen, Grenzwälle auszusprechen; die Quellen jener Uebersicht können in ihr selbst nachgesehen werden.

Es war im Jahre 55 vor Christi Geburt, wo ein römisches Heer zum erstenmale den Rhein überschritt; Cäsar führte es nach 18 Tagen wieder hinüber, und warf die, bei Andernach über ihn geschlagene, Brücke wieder ab.

Im Jahre 53 gieng er abermals über den Rhein und zog sich abermals, nach kurzem Aufenthalte, wieder über ihn zurück; Dezimus Brutus erhielt das Commando in den Rheingegenden.

Im Jahre 49 legte Cäsar, unter dem Commando des Cajus Fabius, 4 Legionen an den Oberrhein und 4 an den Unterrhein; letztere unter dem Commando des Cajus Trebonius.

Im Jahre 39 gieng Vipsanius Agrippa, zur Hülfe der Ubier gegen die Catten, mit einer Armee über den Rhein, und trieb letztere über den Rhein zurück.

Im Jahre 38 versetzte er die Ubier und Sigambrer nach Gallien, wo er ihnen am Rheine — bei Cöln — Wohnungen anwies. Nach P. Fuchs, wurde zu dieser Zeit auch Moguntiakum (Mainz) gegründet.

Im Jahre 27 theilte Augustus die Rheinlande, von den Quellen des Rheins herab bis an den brittischen Ocean, in Obergermanien und Untergermanien; die Heere wurden auch hiernach das obere und das untere genannt; 8 Legionen kamen an den Rheinstrom, wo im Jahre 25 Markus Vinicius mit denselben einen Einfall in Deutschland unternahm, weil man einige, des Handels wegen, dahin gereiste Römer gefangen genommen und getödtet hatte.

Im Jahre 17 ergriffen die Sigambrer, Usipeter und Tenkterer die in ihrer Gegend befindlichen Römer und kreuzigten sie;

sie giengen über den Rhein, lockten die ihnen entgegenkommende Reiterei in einen Hinterhalt und überraschten den Commandanten Lollius im Lager, schlugen ihn, und beraubten ihn des römischen Adlers.

Augustus eilte hierauf im Jahre 16 an den Rhein, fand aber daselbst nichts zu thun; da die Deutschen in ihr Land zurückgiengen, um Friede baten und Geiseln stellten.

Im Jahre 14 erschien Drusus am Rhein, erbaute im Jahre 13 das Castrum Moguntiakum (das Castell zu Mainz).

Im Jahre 12 schlug Drusus die Deutschen, welche Anstalt machten über den Rhein zu gehen, zurück; gieng dann an den Niederrhein und verheerte jeden Schritt; er wies den Catten, Mainz gegenüber, Wohnungen an. Er drang dann ungehindert in das Land der Sigambrer; Mangel an Lebensmitteln bewogen ihn aber zum Rückzuge; — in dem befreundeten Cattenlande legten sich die Feinde in den Hinterhalt und verursachten großen Schaden; Mainz gegenüber erbaute er eine Schanze und unterhielt eine Flotte auf dem Rheine.

(Es war dies das erste Castell, welches die Römer diesseits des Rheines angelegt haben; es schloß sich später eine bürgerliche Gemeinde an dasselbe an.)

Im Jahre 10 verließen die Catten die, ihnen angewiesenen, Wohnsitze und zogen in das Land der Sigambrer.

Im Jahre 9 zog Drusus gegen die Markomannen, dann wendete er sich gegen die Catten, drang bis an die Elbe, wohin noch nie ein Römer gekommen war, und errichtete daselbst Siegeszeichen; — er stürzte auf seiner Rückreise vom Pferde und starb nach 30 Tagen.

Er hatte 400,000 *) germanische Gefangene an das gallische Rheinufer verpflanzt, und binnen 4 Jahren an dem Gestade des

---

*) Die hier und in der Folge aufgeführten runden Zahlen, erleiden eine starke Reduktion, wenn man bedenkt, daß das damalige deutsche Land eine nur dünne Bevölkerung nähren konnte. Die römischen Feldherrn erlaubten sich, in ihren Berichten nach Rom, noch größere Uebertreibungen als Napoleon I. in seinen berüchtigten Bülletin's.

Rheins 50 Castelle angelegt. Er gab Germanien eine Ruhe, daß die Menschen umgeschaffen, die Erde verändert und selbst der Himmel freundlicher und sanfter als bisher geworden zu sein schien.

(Aus dieser Stelle des Florus scheint hervorzugehen, daß wir Drusus als den Begründer der Römerherrschaft und den Urbarmacher unserer Gegend ansehen müssen; — doch können sich seine Werke nicht weit ausgedehnt haben, da seine Statthalterschaft nur 5 Jahre gedauert, und er auch einen Theil dieser Zeit in Rom zugebracht hat; dennoch möchten wir ihm, außer der Salburg, auch die Anlegung der nächsten, sich an sie anschließenden, Grenzwälle zuschreiben.)

Im Jahre 8 erhielt Tiberius das Commando am Rhein.

Im Jahre 7 kommandirte Domitius Ahenobarbus die Legionen am Rhein, und räumte den Hermunduren die Sitze zwischen der Kinzig und der fränkischen Saale ein, wo früher die Markomannen gewohnt haben.

Im Jahre 5 hatte Markus Vinicius das Commando in Deutschland, woselbst sich ein unmäßig großer Krieg entzündete; er führte ihn in mehreren Gegenden mit Glück, in anderen setzte er dem Feinde **starke Dämme** entgegen, wofür ihm ein Triumphbogen errichtet wurde.)

(Hier finden wir die erste Nachricht von Schutzwällen, welche die Römer diesseits des Rheins anlegten; wahrscheinlich war dies der Pfahlgraben am Unterrhein und am Taunus.)

Im Jahre 4 nach Christi Geburt kommandirte Saturnius, unter des Tiberius Oberbefehl, am Unterrhein, und legte sein Winterquartier an die Quelle der Lippe.

Im Jahre 5 durchzog Tiberius ganz Deutschland, 100 deutsche Meilen bis zur Elbe, ward nur einmal hinterlistigerweise angegriffen, siegte aber und bezog die Winterquartiere.

(Nach Tacitus Annalen l. Cap. 50 legte Tiberius auch einen Grenzwall an; es ist dies wahrscheinlich ein Theil des obengedachten am Niederrhein, oder bei Wiesbaden, oder bei Niederdorfelden.)

Im Jahre 7 erhielt Quintilius Varus die Statthalterschaft in Deutschland und ward im Jahre 9 daselbst total geschlagen.

Im Jahre 10 erhielt Germanikus 8 Legionen gegen die Germanen; er unternahm mit Tiberius einen Feldzug, und sie fielen in einigen Gegenden ein, aus Furcht vor einem neuen Unglücke entfernten sie sich jedoch nicht weit vom Rheine.

Im Jahre 14, bei der Nachricht von dem Tode des Augustus, empörten sich die Legionen am unteren Rhein; Germanikus führte sie, zur Sühnung der Niederlage des Varus, gegen die Catten, zündete Mattium an und zog wieder an den Rhein zurück. —

Auf den Trümmern der, von seinem Vater Drusus errichteten, Landwehr auf dem Taunus erbaute er ein Castell.

(Es ist dies höchstwahrscheinlich die Saalburg, da sie in Verbindung steht mit weitherablaufenden Schutzwällen, und da sich, bei der gegenwärtigen Aufgrabung derselben, gezeigt hat, daß sie mehrmalen zerstört und wieder aufgebaut worden ist.)

Im Jahre 24 verpflanzte Tiberius 40,000 unterworfene Deutsche nach Gallien und an die Ufer des Rheins.

Im Jahre 39 gieng Kaiser Caligula, unter dem Vorwande an den Rhein, die unruhigen Deutschen zu bekriegen, im Grunde aber, jene reiche und blühende Provinz auszuplündern; kaum hatte er aber den Rhein überschritten, so kehrte er schnell um, und ließ Lentulus Getulikus, welcher seit 10 Jahren Statthalter in Deutschland war, umbringen, weil er die Liebe seiner Soldaten besaß.

(Unter jener reichen und blühenden Provinz kann, den obwaltenden Umständen nach, nur das linke Rheinufer verstanden worden sein.)

Im Jahre 40 erhielt Servius Sulpitius Galba das Commando in Mainz, und besiegte im Jahr 41 die Catten.

Im Jahre 44 befahl Kaiser Claudius jede Gewalt wider die Germanen zu unterlassen, und die Besatzung auf die linke Rheinseite zu verlegen; Curtius Rufus erhielt das Commando, und legte 47 Silbergruben im Gebiete von Mattiakum an.

Im Jahre 49 brangen die Catten, auf Raub ausgehend, vor; hierauf zog, im Jahre 50, der Legat Luzius Pomponius ihnen entgegen, er schlug sie; — mit Beute beladen kehrten die Römer nach dem Taunus zurück, wo Pomponius mit den Legionen sie erwartete.

(Hiermit scheint abermals die Saalburg gemeint zu sein.)

Im Jahre 59 wurden die Catten von den Hermunduren, wegen des Besitzes eines, in Salzerzeugung ergiebigen, Grenzflusses bekriegt, und völlig besiegt.

(Dieser Grenzfluß ist höchstwahrscheinlich die Salz, welche bei Salmünster in die Kinzig fällt, und an deren Ufer, bei Soden, sich eine reiche Salzquelle befindet.)

Im Jahre 69 zog Alienus Cäcinna mit 30,000 Mann, deren Kern die XXI. Legion war, aus Germanien Prima, und Fabius Valens mit 40,000 Mann, vom Rhein nach Italien; germanische Hülfsvölker befanden sich bei beiden Heeren; dadurch wurden die Besatzungen geschwächt.

Im Jahre 70 zog Claudius Civilis römische Legionen an sich und empörte sich mit ihnen gegen die Römer; Catten, Usipier und Mattiaker belagerten Mainz. Am Niederrhein war Alles in Aufruhr; — alle römischen Castelle, mit Ausnahme desjenigen zu Mainz, wurden geschleift.

Im Jahre 92 besiegte Trajan die Deutschen; er erbaute das Munimentum Trajani, erneuerte eine Befestigung am Ausflusse des Mains, und die Rheinbrücke daselbst.

(Vom Jahre 70 bis 92, also während 22 Jahren, lagen die römischen Castelle in ihren Ruinen, waren Römerherrschaft und Römerkultur vom rechten Rheinufer vertilgt.)

Im Jahre 97 erhielt Hadrian den Befehl in Oberdeutschland. Hadrian ließ, wo keine Flüsse die natürlichen Grenzen zwischen den Provinzen und Barbaren bestimmten, beide durch starke Verhacke, gleich festen Mauern, von einander trennen.

(Betrachtet man auf der hier anliegenden Karte I den Zug der jetzt noch vorhandenen Reste der römischen Grenzwälle, so kann man nicht im Zweifel sein, daß hiermit die Wälle gemeint sind, welche zwischen Wehrheim und Okarben, den Taunuswall mit der Nidda; zwischen Assenheim und Eichen, die Nidda mit der Nidder; zwischen Altenstadt und Rückingen, die Nidder mit der Kinzig und zwischen Rückingen und Großkrotzenburg die Kinzig mit dem Maine verbinden; — und daß auch die Grenzwehr darunter verstanden wird, welche, zwischen Obernburg und Hirschhorn, den Main mit dem Neckar verbindet; denn der äußere Grenzwall befolget — wenigstens vom Taunus bis zum Maine bei Miltenberg — ein ganz anderes Prinzip, indem er — wie wir bereits in der Einleitung gesehen haben — die Flüsse vermeidend, überall den Wasserscheiden folgt.

Es konnte auch Hadrian, nach kaum fünfjährigem Besitz des wiedereroberten, und noch sehr wenig kultivirten, Römergebietes nicht wohl weiter greifen; es gab in diesem engeren Gebiete noch sehr vieles wiederherzustellen und zu verbessern.

Gegen die Annahme eines größeren Alters der, hier dem Hadrian zugeschriebenen, Wälle, spricht folgende Stelle im Cap. 29 des Tacitus Germania: „Nicht möchte ich, obwohl sie sich jenseits der Donau und des Rheines niedergelassen haben, diejenigen zu Germaniens Völkern zählen, die das Zehntland bebauen. Das loseste, aus Armuth unternehmende Gesindel der Gallier besetzte es. — **Nachher zog man den Grenzwall** und ließ die Posten dahin weiterrücken, so, daß es nun als Vorland des Reichs und Theil der Provinz betrachtet wird."

(Mit unserer Annahme, daß Hadrian den obenbeschriebenen Grenzwall um das Jahr 122 angelegt habe, scheinen indessen die zu Friedberg aufgefundenen Inschriften im Widerspruche zu stehen, da sie theilweise aus einer früheren Zeit herzurühren scheinen; — es mußte hiernach Hadrian einen Theil des früher von den Römern besetzten Gebietes aufgegeben haben, oder es hätte sich das Castell zu Friedberg außerhalb seines Grenzwalles befunden.)

Unter Hadrian herrschte die größte Ruhe in Deutschland; er ließ Münzen prägen und erließ das Edikt, wonach in allen

Provinzen des Reichs, also auch in Deutschland, ein bestimmtes Gesetz beobachtet werden müsse.

(In diese Periode der Ruhe, welche bis zum Jahre 139, also 42 Jahre dauerte, fallen wahrscheinlich die größten Culturfortschritte im röm. Zehntlande; es waren jedoch nicht die german. Völker, welche davon unmittelbar berührt wurden, sondern blos die eingewanderten Römer mit ihren Nachkommen und die das Zehntland bebauenden Gallier, welche Tacitus, der um diese Zeit lebte — nach obigem Citate — von den Germanen genau unterscheidet.)

Im Jahre 139, unter Antonius Pius, drangen die Germanen vor, und wurden besiegt.

Im Jahre 162 wurde Ausidius Victorinus gegen die Catten beordert; es fielen dieselben in Obergermanien und Rhätien ein.

Im Jahre 164 zogen viele deutsche Völker, hierunter Catten, Hermunduren ꝛc. gegen die Römer, durch Rhätien bis gegen Italien.

Im Jahre 178 errichtete ein Centurio der XXII. Legion zu Aschaffenburg dem Apollo und der Diana einen Altar. Im Jahre 191 errichtete ein Centurio der VIII. Legion daselbst dem Jupiter einen Gelübdestein.

(Da Aschaffenburg außerhalb unseres hadrianischen Grenzwalles liegt, so erwächst uns aus diesen beiden Jahrzahlen eine neue Schwierigkeit, da wir noch keine Andeutungen gefunden haben, daß schon um diese Zeit der äußere Grenzwall angelegt worden sei; wir müssen daher der Vermuthung beistimmen, daß beide Denksteine von der linken Seite des Mains hinübergebracht worden seien, um als Material zu neuen Bauten verwendet zu werden.)

Im Jahre 204 widmete ein Centurio der XXII. Legion, zu Seligenstadt, der Diana einen Altarstein.

Im Jahre 212 erscheint der Bund der Allemanen zum ersten Male in der Geschichte.

Im Jahre 213 widmet ein Soldat der VIII. Legion, zu Novus Vicus, dem Kaiser Carakalla einen Stein; desgleichen qie 4. Cohorte der Vindelizier auf der Saalburg. Carakalla schlug die Allemanen am Main, nannte sich deßhalb Allemanikus und baute in ihrem Lande Castelle.

(Welche Castelle hiermit gemeint sind, ist ungewiß; daß er auch den äußeren Grenzwall angelegt habe, ist um so unwahrscheinlicher, als er sich nur 2 Jahre in Deutschland aufgehalten, und als die Seltenheit der römischen Ansiedlungen in der Nähe dieses Walles darauf hindeutet, daß er erst kurz vor dem Ende der Römerherrschaft angelegt worden ist.)

Im Jahre 214 eilte Kaiser Severus aus Antiochien; da er die Kriegszucht seiner Armee in Germanien verfallen, die Legionen im Aufruhr und die Deutschen in Gallien eingefallen sah, die Deutschen ziehen sich zurück, dagegen ist Brittanien in Aufstand, weßhalb er dorthin geht.

(Es war hiernach abermals die Römerherrschaft in Deutschland erschüttert, die Legionen vielleicht gänzlich verjagt.)

Im Jahre 229 weihte Sattonius Gratus einen Marktaltar im Novus Vicus.

Im Jahre 230 desgleichen ein Soldat der XXII. Legion.

Im Jahre 236 kam Severus aus Brittanien zurück, trat mit den aufständischen Germanen in Unterhandlung, und bot ihnen Geld; darüber aufgebracht, ermordeten ihn seine Soldaten. Sein Nachfolger: Maximin Thrax entdeckte eine, vom Consular Magnus gegen ihn angezettelte Verschwörung, und ließ mehr als 4000 hinrichten.

Im Jahre 237 rückte Maximin mit seiner ganzen Armee nach Germanien; er gieng über den Rhein und verwüstete 3—4 Miliarien weit Germanien, bis an einen Sumpf, der ihn aufhielt. Er ließ Münzen prägen auf seinen deutschen Sieg.

Im Jahre 240 bildete sich, jenseits dem Taunus, der Bund der Franken, ähnlich dem der Allemanen.

Vom Jahre 241 stammt die letzte Inschrift im Novus Vicus bei Heddernheim; sie befindet sich auf einem Votivaltar.

Als im J. 253 Kaiser Valerian Mainz verließ, fielen die Franken das linke Rheinufer an; der Tribun Aurelian schlug sie bei Mainz.

Im Jahre 255 überließ Valerian das rechtseitige Rheingebiet den Deutschen.

Im Jahre 257 führte Postumus das Commando, und schlug alle Germanen zurück; er baute auf dem rechten Rheinufer mehrere Castelle, die aber die Germanen bald wieder in Asche legten; er ward im Jahre 265 von seinen Truppen in Mainz erschlagen, weil er sie in einem dortigen Aufstande nicht plündern ließ; Lollian stellte die zerstörten Castelle wieder her.

Im Jahre 268 ward M. Aurelian Claudius II., vom Heere zu Cöln, als Kaiser ausgerufen; er stellte die Ruhe wieder her.

Im Jahre 275 erneuerten die Allemanen und Franken ihre Einfälle in Gallien, und bemächtigten sich des größten Theiles von Ober- und Niedergermanien; Prokulus bemühigte sie durch den kleinen Krieg; allein sie verbrannten die Schiffe der Römer auf dem Rhein.

(Seit Carakalla fanden hiernach beständig Kämpfe zwischen den Germanen und Römern statt, welche letztere meist schwache Führer hatten; die Herrschaft der Römer war zuweilen ganz unterbrückt, oder doch auf nur einen kleinen Theil des diesseitigen Gebietes beschränkt, und es läßt sich in dieser ganzen Zeit keine Gelegenheit ermitteln, für die Anlegung des äußeren großen Grenzwalles.)

Im Jahre 275 nahm Probus den Deutschen 60 der ansehnlichsten Städte in Gallien, nebst aller Beute wieder ab, und tödtete beinahe 400,000 derselben; — im folgenden Jahre drängte er die Deutschen über den Neckar und die Elbe, legte auf der rechten Rheinseite Städte und Festungen an, die er mit römischen Soldaten besetzte; — den Truppen wies er Ländereien an, versorgte sie mit Wohnungen und Lebensmitteln, und gab für jeden, ihm überlieferten, deutschen Kopf ein Goldstück; 9 kleine Fürsten unterwarfen sich, und es wurden 16,000 Deutsche, je 50 und 60, unter die Kriegshaufen der Grenztruppen vertheilt.

(Gibbon, in seiner Geschichte des Verfalles und Unterganges des römischen Weltreichs, sagt von Probus: „Anstatt die kriegerischen Eingebornen in Unterthanen zu verwandeln, begnügte er sich mit dem geringeren Auskunftsmittel, ein Bollwerk gegen ihre Einfälle zu errichten...." „Zur Zeit Hadrians wurden die Grenzbesatzungen durch starke Befestigungen von Bäumen und Pallisaden*) miteinander verbunden und gedeckt. An die Stelle eines so rohen Bollwerkes baute der Kaiser eine steinerne Mauer von beträchtlicher Höhe, und verstärkte sie in angemessenen Zwischenräumen durch Thürme. Sie erstreckte sich, aus der Nachbarschaft von Neustadt und Regensburg an der Donau, über Berge, Thäler, Flüsse und Moräste, bis Wimpfen am Neckar, und endete, nach einem gewundenen Laufe von 200 Meilen, an den Ufern des Rheins."

„Diese wichtige, die beiden mächtigen Ströme, welche die europäischen Provinzen schützten, vereinigende Schranke, schien den leeren Raum auszufüllen, über welchen die Barbaren, insbesondere die Allemanen, mit der größten Leichtigkeit in das Herz des Reiches eindringen konnten."

„Die Weisheit des Kaisers Probus entwarf den großen und heilsamen Plan, die erschöpften Grenzländer durch neue Colonien gefangener, oder flüchtiger, Barbaren zu füllen, denen er Ländereien, Vieh, Ackergeräthe und jede Ermunterung zu Theil werden ließ, welche sie bewegen konnte, ein Geschlecht von Kriegern, im Dienste der Republik fortzupflanzen."

Die Großartigkeit seiner Gesichtspunkte, und sein kühner Unternehmungsgeist berechtigen uns, nur ihm die Idee zuzuschreiben, mittelst des, unser Land durchziehenden äußeren Grenzwalles, den Trajanswall am schwarzen Meere mit dem, in Schottland, gegen die Picten errichteten großartigen Walle zu verbinden; er verlor wegen zu großer Anstrengung, welche er seinen

---

*) Der Undeutlichkeit der Ausdrücke der Quellenschriftsteller ist es zuzuschreiben, daß Gibbon hier von „Befestigungen aus Bäumen und Pallisaden, anstatt von Gräben und, mit Pallisaden besetzten, Erdwällen spricht, und daß er annimmt, die ganze Länge der, von Probus angelegten, Befestigung habe aus einer Mauer bestanden; während dies nur an der Donau der Fall war, und ihre Fortsetzung nach dem Maine und Rheine ebenfalls aus Erdwällen bestanden hat.

Soldaten bei ähnlichen Erdarbeiten zur Austrocknung von Sümpfen an der unteren Donau auflegte, im Jahre 282 sein Leben.

Im Jahre 282 kamen die Burgunder aus dem nördlichen Deutschland an den Rhein; Probus schlug sie und trieb sie in das Innere zurück.

Im Jahre 281 empörte sich das Rheinufer und Gallien, Probus besiegte beide.

Im Jahre 282 giengen Deutsche über den Rhein; das linke Rheinufer war im Aufruhr; Carinus, Sohn und Mitregent des Kaisers Carus, besiegte die Völker am Rhein.

Im Jahre 283 rieben Hunger und Krankheiten die Deutschen mehr auf als römische Siege.

Im Jahre 286 giengen Allemanen und Franken über den Rhein; Maximian, der zu Trier den kaiserlichen Hof hatte, schlug sie, und verfolgte sie über den Rhein.

Im Jahre 300 rücken die Deutschen mit Macht über den Rhein, und erobern Gallien; Constantinus Chlorus schlug sie im Jahre 301 bei Langres so, daß 60,000 auf dem Platze blieben.

Im Jahre 306 führte Enoch, König der Allemanen, dem nachmaligen, Kaiser Constantin ein Hülfskorps zu.

Im Jahre 310 machten Allemanen und Franken einen Angriff auf das linke Rheinufer; Constantin täuschte sie durch List, nahm ihre Könige gefangen und ließ dieselben, in Schauspielen zu Trier, den wilden Thieren vorwerfen; der Grenzwall war von seinen Truppen besetzt.

Im Jahre 318 war Crispus, der Sohn Constantins, Beherrscher am Rhein; er schlug die andringenden Allemanen.

Im Jahre 347 erschienen, auf der Kirchenversammlung in Mösien, die Bischöfe von Mainz, Worms und Speier.

Im Jahre 354 führte Constantin Krieg mit den Allemanen, und bewilligte ihnen zu Naurakum bei Basel den Frieden.

Im Jahre 356 giengen zahllose Allemanen über den Rhein, nahmen Mainz und andere blühende Städte ein; von Straßburg bis zur Mündung des Rheins waren in Gallien die Deutschen verbreitet; — Allemanen am Ober-, Franken am Unterrhein; die Allemanen flüchteten sich auf die Inseln des Rheins, wo sie Julian angriff.

Im Jahre 357 beherrschten die Allemanenkönige Suomar und Hortar die Gegend zwischen Main, Rhein und Neckar; ersterer wurde bei Straßburg geschlagen; der allemanische Heerführer Chnodomar ward, mit drei anderen Fürsten, gefangen; Julian gieng, von Mainz aus, 10 Meilen vor, wo ein undurchbringlicher Wald, unterirdische Höhlen und tiefer Schnee ihn aufhielten; er schloß mit den Allemanen einen Waffenstillstand von 10 Monaten, und stellte das geschleifte Munimentum Trajani wieder her.

Im Jahre 358 gieng Julian wieder über den Rhein; die allemanischen Könige Suomar und Hortar mußten alle römische Gefangene herausgeben, und die Römer mit Lebensmitteln versehen; hierauf erhielten sie Friede.

Im Jahre 359 setzte Julian die wiedereroberten Städte in Vertheidigungsstand, und gieng bei Mainz über den Rhein, rückte dann bis Capellatium, an der Grenze der Burgunder, und schrieb 6 allemanischen Königen Friedensbedingungen vor.

Im Jahre 360 setzte Julian die Grenzposten, wo es nöthig war in besseren Vertheidigungsstand.

Im Jahre 365 fielen die Germanen in Gallien ein, unter der Angabe: man habe ihnen die festgesetzten Geschenke in schlechter Qualität gegeben. Der Gallier Dagalaiph rückte mit den Legionen vor, worauf sich die Allemanen, unter Verwüstung der ihr Land begrenzenden Gegenden, zurückzogen.

Im Jahre 366 wiederholten die Allemanen, aus gleicher Ursache ihren Einfall in Gallien; die römischen Feldherrn Severian und Charietto giengen über einen schmalen Fluß, griffen die Teutschen an, und wurden getödtet. Die Allemanen siegten und eroberten die Fahnen der Bataver und Eruler.

Im Jahre 367 rückten die Allemanen bis in die Champagne vor; Jovin, Feldherr der Reiterei, schlug sie.

Im Jahre 368 bemächtigte sich Rando, ein allemanischer Heerführer, der Stadt Mainz, und nahm ganze Schaaren von

Männern und Weibern, und vieles Hausgeräthe mit hinweg; der Comes Sebastian, mit den illirischen und italischen, so wie die Kaiser Valentinian und Gratian, mit den gallischen Legionen, giengen über den Rhein und rückten, nach einigen Tagen, bis vor Solizinium vor; sie siegten zwar, erlitten aber großen Verlust.

Im Jahre 369 verließ Valentinian die Offensive gegen Deutschland, und dachte nur auf die Vertheidigung des linken Rheinufers; er erbaute viele Castelle, Schanzen und Thürme in geringer Entfernung; — er legte auch auf dem rechten Rheinufer, nahe an den feindlichen Grenzen, einige Werke an. Der Feldherr Arator wollte, auf dem Berge Pirus, eine Schanze anlegen, wurde aber von den Allemanen, nebst allen Römern, getödtet.

(Aus dieser Stelle geht hervor, daß die Römer nicht nur bei ihrem Vorrücken, sondern auch bei ihrem Rückzuge aus Deutschland, Grenzwehren anlegten; — da wir nun die letzteren von den ersteren nicht wohl unterscheiden können, so werden wir ihre Entstehungsgeschichte nie mit einiger Sicherheit aufstellen können, andererseits liegt in dieser Stelle eine Bestätigung der Ansicht, daß nicht nur die durchlaufenden Grenzwehren, sondern auch einzelne Partialbefestigungen den Römern zugeschrieben werden dürfen.)

Im Jahre 370 bewog Valentinian die Burgunder, die Allemanen zu überfallen, und versprach ihnen Hülfe; da letztere jedoch ausblieb, so kehrten sie in ihr Land zurück.

Im Jahre 371 beorderte Valentinian sein Fußvolk über den Rhein nach den mattiakischen Bädern, um den König Makrian zu fangen; Makrian entkam, und die Römer setzten das deutsche Land, 50 Leuken weit, in Brand; Valentinian setzte, an Makrians Stelle, den Fraomar zum Könige der Bukinobanten, einer allemanischen Völkerschaft; es ward aber sein Landstrich von anrückenden Deutschen verwüstet, und Fraomar nach Brittanien versetzt.

Im Jahre 374 unternahmen die Burgunder einen Streifzug in das Gebiet der Allemannen, bis an die Ufer des Rheins. Valentinian schloß mit Makrian einen Friedensbund, und von nun an kamen keine Römer mehr in die untere Maingegend.

Dritter Abschnitt.
Der äußere Grenzwall des Römerreiches.

§. 6.
Beschreibung des äußeren Grenzwalles von der Wetter bis zum Main.

Unter unseren neueren Schriftstellern war es zuerst Winkelmann — in seiner Beschreibung von Hessen im Jahre 1697 — welcher von diesem Theile des römischen Grenzwalles Erwähnung that; er sagt: derselbe streiche von der butzbacher Warte, durch den Hüttenberg über dem Städtchen Hungen, wenn man von hier auf Langen und Ulfe gehen wolle; — er habe ihn ferner an der Landstraße gen Merlau (?) verdoppelt gesehen.

Dann bespricht P. Fuchs — in seiner alten Geschichte von Mainz — im Jahre 1771 denselben Gegenstand; er bezeichnet seine Richtung: von der Arnsburg über Büdingen, Gelnhausen und Lohrhaupten nach dem Main.

Endlich sagt Wenk — im II. Bande seiner hessischen Landesgeschichte, S. 35 und 36 — im Jahre 1789: „Der Pfahlgraben setzt von der butzbacher Warte, bei dem nach ihm benannten Dorfe Polgöns vorbei, durch das Amt Hüttenberg bis an das Städtchen Grüningen fort; dann weiter durch einen Wald des Klosters Arnsburg, durch das Solmsische, zwischen Langsdorf und Hungen, durch die Grafschaft Nidda auf das Dorf Utphe und von da durch einen Wald bei dem Dorfe Hütten vorüber, bis eine halbe Stunde von Wächtersbach; hier solle er an die Kinzig stoßen, und längs dem Bache Bieber auf das Dorf Kassel, zwischen diesem und dem Städtchen Orb hin, auf die Dörfer Wiesen, Jakobsthal, den michelbacher Wald, das Dorf Eichelbach und das Dammfeld gehen, wo er an den Main stoße."

Auch der Geheimerath Freiherr von Gerning glaubte an den einstigen Zusammenhang des römischen Grenzwalles, vom Unterrhein bis zur Donau; — in der am 14. Juni 1823 in Wiesbaden stattgehabten Generalversammlung des Vereines für nassauische Alterthumskunde und Geschichtsforschung, sprach er sich hierüber folgendermaßen aus:

„Nicht unwichtig war die, für Alterthumskunde 1811 gemachte Entdeckung bei Ems, daß jenes kolossale Römerwerk nicht bei Braubach in den Rhein hinabsank (wie gelehrte Folianten Jahrhunderte lang anzeigten), sondern von dort weiter, bis nach Wyck de Duurstede in Holland und zurück bis Pförring an die Donau zog."

Hofrath Steiner bezeichnete hierauf — in seiner Geschichte und Topographie des Maingebietes und Spessarts unter den Römern — im Jahre 1834 diesem Walle dieselbe Richtung wie Wenk, mit der näheren Angabe: daß der Limes über den höchsten Bergrücken des Spessarts hingezogen habe, doch konnte er nur drei Stellen angeben, wo sich noch Reste desselben vorfänden; — die eine, Seite 271, oberhalb Wirtheim: „an den Schanzen;" es ist dies dieselbe, welche ich weiter Unten näher beschreiben werde; dann, S. 275, einen 100 Schritte langen Wall: der Römerwall bei Wiesen, endlich ebendaselbst: „der Graben im Haag" auf welche beide ich ebenfalls weiter Unten zurückkommen werde.

Da diese Reste nur oberflächlich erwähnt werden, während das Buch mit vielen Nebendingen und unhaltbaren Hypothesen angefüllt ist, so fanden diese Andeutungen keine weitere Beachtung, und man fing bereits an, an der einstigen Existenz eines solchen Grenzwalles in der betreffenden Strecke zu zweifeln.

Professor Dieffenbach in Friedberg untersuchte und beschrieb — in seiner Urgeschichte der Wetterau — im Jahre 1843 den Theil des Pfahlgrabens, welcher von der Saalburg über Butzbach und Grüningen nach dem Kloster Arnsburg zieht, und sprach zugleich seine Vermuthung aus, daß weiterhin, an die Stelle einer zusammenhängenden Grenzwehr, einzelne Castelle getreten wären.

So stand diese Sache, als am 14. September 1853 Archivar Habel, in der Versammlung der Geschichtsforscher zu Nürnberg, den Antrag stellte: „Jeder deutsche Geschichtsverein möge einen Ausschuß ernennen, für die Aufsuchung der noch vorhandenen Reste." Hierauf wurde ich vom hanauer Bezirksverein in seinen, zu diesem Behufe gebildeten Ausschuß gewählt, und so gab dies die Veranlassung, daß ich mich dieser Aufgabe für die noch unerforschte Strecke, zwischen der Wetter und dem Maine, unterzog.

Zur Gewinnung eines Ueberblickes über den ganzen Zug, will ich hier die bekannten Strecken, auf beiden Seiten der hier in Betracht zu ziehenden Lücke, kurz andeuten.

Auf der Südostseite zog dieser Grenzwall von der Donau aus, 4 Meilen oberhalb Regensburg und 1 Meile oberhalb Kelheim, in der hienheimer Markung; — er zog in nordwestlicher Richtung, nördlich von Laimerstadt und Hagenbühl auf Altmannstein, zwischen Schamhaupten und Sandersdorf hindurch; ging bei Denkendorf über die, von Ingolstadt nach Neumarkt und Nürnberg führende, Straße; er schloß sich dann an das römische Castell Arnsberg an, ging über die Altmühl gegen Pfahldorf und Hirnstädten, durch Eckardshofen, südlich von Kahldorf und Raitenbuch; — ferner zwischen Ellingen und Weissenburg über die Straße, welche von Donauwörth nach Nürnberg führt.

Er zog dann durch Guntersbach, berührte Gunzenhausen, nahm hier eine südwestliche Richtung, ging an Unterwurmbach, Kleinlöllenfeld und Dennelohe vorbei, und passirte nördlich von Hesselbergen an Düren vorüber und zog auf die Geltsmühle zwischen Worschhofen und Wailtingen, Welchenholz und Wilburgstädten; dann ging er nahe bei Mönchsroth über die Wörnitz; hierauf passirte er, eine Meile südlich von Dünkelsbühl, die jetzige Grenze zwischen Bayern und Würtemberg.

4*

In dieser Strecke bestand er aus einer 6 Fuß dicken Mauer; er führte daher — im Munde des Volkes — den Namen Teufelsmauer.

Im Königreiche Würtemberg nahm der Grenzwall anfangs eine südliche Richtung gegen Balbern, wo er sich westlich auf Dalkingen wendete, und daselbst die Jaxt, und dann die von Alen nach Ellwangen führende Straße, und endlich auch nördlich von Hüttlingen den Kocher überschritt; — von da zog er über Gellenhofen und zwischen Unterböbbingen und Hussenhofen hindurch; — dann nördlich von Gmünd, durch den Wald nach Lorch; wo er sich plötzlich nach Nordwesten wendete und über Murhard, Mainhardt, Oehringen und Jaxthausen in das jetzige Großherzogthum Baden überging, in welchem er seine Richtung über Osterburken nahm.

Die weitere Fortsetzung scheint über Walthürn, auf Burgstadt, zwischen Freudenberg und Miltenberg an den Mainstrom gegangen zu sein.

In dieser durch Würtemberg und Baden ziehenden Strecke, erscheint der Limes immer in der Gestalt eines Walles, welcher nur selten die Höhe von drei Fuß übersteigt, und eine gemauerte Grundlage hat.

Auf der nordwestlichen Seite der von uns zu untersuchenden Lücke, finden sich die ersten Spuren hinter dem Siebengebirge am Unterrhein; der Wall zog über Rheinbreitbach, Hammerstein und über die Wied; dann über Rangsdorf, Grenzhausen, Hör und Kettenbach; er überschritt dann die Straße von Koblenz nach Montabauer und zog auf Welsch-Neudorf.

Bei dem Bade Ems überschritt er die Lahn, ging dann über Marienfels, Holzhausen, Kemel, Langenschwalbach, Hesterich und Reiffenberg; von da zog er am nördlichen Abhange des Taunus, dicht an der Saalburg und nahe an der Glückelsburg, so wie bei Oberroßbach an der Cappersburg vorüber.

Hier bildet er gegenwärtig die Grenze zwischen Hessendarmstadt und Nassau; er zog dann an Ziegenberg und Langenbach vorüber, nach der Butzbacher Warte; von da wendete er sich über Polgöns auf das Städtchen Grüningen, welches er auf der Nordseite umkreiste, und zog auf das Kloster Arnsburg an die Wetter.

In dieser Strecke besteht er überall aus einem Erdwalle von etwa 5 Fuß Höhe mit vorliegendem tiefen Graben.

Der östliche Theil dieser Grenzwehr hat eine Länge von 38, der westliche Theil eine solche von 24 und die zwischen diesen beiden Theilen gelegene — noch zu untersuchende — Lücke, eine solche von 15 deutschen Meilen. Mitten in dieser Lücke liegt die Provinz Hanau; sie wird auf der Ostseite von Bayern und auf der Westseite von Hessendarmstadt ausgefüllt.

Diese Lücke mit den beiderseitigen Anschlüssen, ist auf die hier anliegende Karte eingezeichnet; — mit ihrer Beihülfe werde ich nunmehr die Beschreibung der von mir aufgefundenen einzelnen Reste des Limes hier folgen lassen.

Auf sechs Fußwanderungen habe ich die noch vorhandenen Reste selbst aufgesucht; es beruht daher die hier folgende Beschreibung überall auf eigener Anschauung; — diese Reste liegen offen da, zu jedermanns gleichmäßiger Betrachtung und Untersuchung. Ich gehe bei meiner Beschreibung vom Kloster Arnsburg — also von der Wetter aus, und nähere mich allmählig dem Maine.

1) Auf dem schon von Dieffenbach, Seite 95 des II. Heftes im V. Bande des Archives für hessische Geschichte und Alterthumskunde, bezeichneten Hügel: „Katzert" bei Birklar, befindet sich ein 260 kasseler Fuß langer, 15 Fuß breiter und etwa 2½ Fuß hoher Wall; daneben liegt, in einer kurzen Strecke, noch ein zweiter Wall, wodurch diese Anlage eine Breite von 60 Fuß erhält.

In Battenhausen geht die Sage, der Pfahlgraben sei durch dieses Dorf gezogen.

2) An der Stelle, wo sich von dem gemeinschaftlichen Fahr- und Fußwege, welcher von Bellershausen nach Hungen führt, am nördlichen Waldrande, der Fußweg vom Fahr-

wege abtrennt, steht ein Wegweiser; von diesem Wegweiser ausgehend, zieht im dasigen Walde — längs seiner nördlichen Grenze — ein 1700 Fuß langer, 60 Fuß breiter zweifacher Wall, in der Richtung auf die Untermühle bei Hungen.

Es ist dies derselbe Wall, wovon Dieffenbach, S. 74 a. a. O., Erwähnung thut. Nach der Versicherung des Oberförsters Fabrizius dehnte er sich vor wenigen Jahren noch weiter aus und hinter ihm befand sich ein Römerkastell.

3) Von der Untermühle bei Hungen, bis zu dem — jetzt ausgetrockneten — Thiergartensee zieht: „die grasser Landwehr," ein 8 Fuß hoher Wall, welcher mit seinen beiderseitigen Gräben eine Breite von 60 Fuß hat; derselbe ist in die Generalstabskarte des Großherzogthums Hessen eingezeichnet; er hat eine Länge von 6600 Fuß und zerfällt in 3 Theile: a) der untere Theil, von der Mühle aufwärts, ist in seiner ursprünglichen Form noch vorhanden; b) der mittlere Theil trägt auf seiner abgeflachten Krone den von Hungen nach Langen führenden Weg; c) der obere Theil, bis zum See, wird eben jetzt — April 1857 — umgegraben, hat jedoch seine Hauptform noch behalten. Dieffenbach erwähnt diesen Wall, S. 171 und 172, seiner Urgeschichte der Wetterau.

4) Von da nördlich, jenseits der Horloff, im Waldorte Thiergarten, wo der sogenannte Kutscherweg von Hungen in den Wald eintritt, liegen längs des Waldrandes im Dickicht, 2 Wälle und 3 Gräben von etwa 1000 Fuß Länge und 60 Fuß Breite.

5) Zwischen Villingen und Nonnenrod, auf der Nordseite des Holzberges, befindet sich der Anfang eines sehr bedeutenden, noch vorhandenen Römerwerkes; — von dort hervortretend ziehen sich die Spuren eines Grenzwalles hinter dem südlichen Waldrande des Elster- und Hochberges hin, während dessen tritt seine ursprüngliche Gestalt

immer deutlicher an den Tag; zwischen Ruppertsburg und Wetterfeld, wird er von einem anderen Doppelwalle durchschnitten, welcher von der Strauchesmühle herabkommt; dieser Umstand und das Vorhandensein noch anderer Wälle — welche sämmtlich eine nähere Untersuchung verdienen — deuten auf ein römisches Sommerlager hin.

Die letzte, etwa 2000 Fuß lange, Strecke — welche die Straße von Laubach nach Ruppertsburg an der Stelle durchschneidet, wo letztere den dasigen Waldstreifen passirt — besteht aus 2 Wällen von 8 Fuß Höhe und 3 Gräben mit einer Gesammtbreite von 100 Fuß.

Kein Unbefangener, welcher diese Anlage nach ihrer ganzen Ausdehnung untersucht, kann an ihrem römischen Ursprunge zweifeln; ihre Länge von fünfviertel Stunden und ihr kolossales Querprofil, lassen einen anderen Ursprung nicht wohl auffinden.

6) Hierauf folgt zunächst der Rest eines, etwa 1000 Fuß langen Doppelwalles, welcher sich in der Feldlage: „Amerika," befindet, und vor etwa 20 Jahren umgerodet worden ist, jedoch seine ursprüngliche Form noch deutlich erkennen läßt.

7) Während wir aus der Gegend von Laubach in jene von Schotten übergehen, nähern wir uns einem ebensogroßen Römerwerke, wie das unter Nr. 5 beschriebene; die erste Spur desselben befindet sich im Wellenberge, mitten im Walde, an der Grenze des Gemeindewaldes von Gonterskirchen; es ist dies ein 520 Fuß langer, zweifacher 5 Fuß hoher Wall von einer Gesammtbreite von 40 Fuß.

8) Bald darauf zeigen sich, oberhalb des ruttershäuser Teiches — längs des Thales der Horloff — leichte Spuren eines breiten Grenzwalles, welche sich, nahe am dasigen Jägerhause und oberhalb der sogenannten Hexenwiese, in eine großartige Anlage verwandeln.

Auf dieser Wiese befinden sich zwei Wälle, und vier

andere befinden sich oberhalb derselben im Walde, sämmtlich von 8 Fuß Höhe, sie liegen dicht nebeneinander, und haben eine Gesammtbreite von 350 Fuß.

Von hier bis an das bözenröder Feld, schließen sich die Wälle nicht mehr aneinander an, sie ziehen zwei-, drei- und vierfach — mit Zwischenräumen von 100 und mehr Fuß — am Berghange fort; zunächst nach dem Winzelsgrund, dann wenden sie sich nach dem Kirchberge, wo sie die dasige Wasserscheide übersteigen; — sie erscheinen dann auf der Ostseite des Riedgrundes, ziehen nahe am Waldrande weiter fort, nähern sich dann der nach Schotten führenden Chaussee, und verschwinden dicht vor der Kiliansherberge. Nahe unterhalb dieser Herberge zeigt sich auf der rechten Seite der gedachten Chaussee ein einfacher Wall; bald darauf sieht man, auf der linken Seite derselben, im Walde mehrere am Berghange getrennt fortlaufende Wälle, welche das Ansehen von Terrassen haben; sie nehmen ihre Richtung auf Bezenroth und verschwinden bei ihrem Austritte aus dem dasigen Hochwalde, im bezenröder Felde; an dieser Stelle sind es 4 Wälle von etwa 5 Fuß Höhe.

Hier müssen wir die oben bei Nr. 5 gemachte Bemerkung wiederholen; denn faßt man diese ganze Strecke, vom Wellenberge bis hierher, als ein Ganzes auf, — wie es denn auch nicht anders verstanden werden kann — so kann man auch hier über seinen römischen Ursprung keinen Augenblick im Zweifel sein.

9) Das Wäldchen: „die kleine Arstruth," zwischen Rudingshain und Busenborn, wird von einem, etwa 3 Fuß hohen, Walle durchzogen, welcher zum römischen Grenzbefestigungssysteme gehört zu haben scheint.

10) An diesem Wäldchen zieht ein, von Michelbach kommender, Weg vorüber, welcher dann auf der Nordseite vom Gackerstein — theilweise am Saume des nördlich gelegenen Waldes — in der Richtung auf den Geiselstein weiter führt.

An diesem Waldwege, und zunächst am Gackerstein, finden sich, in einer Länge von 5000 Fuß — also von mehr als einer Viertelstunde — noch vorhandene Reste des römischen Grenzwalles.

Dieselben rühren her von 4 Parallelwällen — gleich jenen auf der Westseite von Betzenrod — sie lagen, wie dort, 100 und mehr Fuße auseinander. Von diesen Wällen finden sich in dieser Linie die Reste bald nur von dem ersten, bald von dem zweiten, bald von dem dritten und bald nur von dem vierten Walle vor; hier und da auch von mehreren zugleich; dieselben haben eine Höhe von 3 bis 4 Fuß.

11) Von da hat der Limes das Dorf Breungeshain, auf seiner Nord- und Ostseite, umzogen; denn, in der Einsattlung, zwischen dem Hohenrothskopf und dem Taufstein, fand, nahe an ersterem, der Landmesser-Inspektor Buß vor einigen Jahren einen Wall, welcher ohne Zweifel zu dem hier in Rede stehenden Grenzbefestigungssysteme gehört hat.

12) Weitere Spuren dieses Walles finden sich wieder an der hohen Straße, welche von der Ostseite des Bilsteins nach Zwiefalter und Glashütten herunterzieht, und zwar zunächst am Bilstein.

13) Zwischen Burkhards und Oebern liegt der Walddistrikt: „Freilohn;" an ihn schließt sich, in nordöstlicher Richtung und in Gestalt eines schmalen Streifens, der Walddistrikt: „Lücke," an, welcher gegen das Heegköpfchen bei Burkhards hinzieht.

Hier — von der nördlichen Spitze der Lücke ausgehend — befinden sich vier, 4 Fuß hohe, Parallelwälle, gleich jenen, welche sich jenseits Betzenrod befinden; sie ziehen in südwestlicher Richtung nach dem Walddistrikte Freilohn.

In diesem Freilohn befindet sich eine 4 bis 6 Fuß hohe Terrasse, welche theilweise aus Steinen besteht, und neben welcher noch einzelne Reste jener 4 Wälle herabziehen, und wovon zwei die, von Schotten nach Gedern führende, Straße in südwestlicher Richtung durchschneiden.

Diese Anlagen haben eine Länge von 5500 Fuß; ihr römischer Ursprung ist nicht zu verkennen; dieselben liegen nicht weit von Glashütten, und es scheint sich hiernach die Angabe Wenks zu bestätigen, wonach der Limes einen Wald bei Hütten (worunter nur Glashütten verstanden werden kann) durchziehen soll.

14) Zwischen Oberseemen und Wüstwillenroth, nahe an der kurhessischen Grenze, im Bollhain, befindet sich ein, 3 Fuß hoher Wall mit einer Länge von 340 Fuß und einer Breite von 26 Fuß.

15) Nahe dabei, jenseits der Grenze, befindet sich in einem Kiefernwalde ein 700 Fuß langer und 5 Fuß hoher Wall, namens: „Fuchslambert."

16) Nordöstlich von Wüstwillenroth, im „willenröther Berge," liegen die ersten Spuren des sogenannten „alten Uffwurfs;" es ist dies ein einfacher Wall, welcher anfangs nur mit einer Höhe von 2 Fuß auftritt und auch wieder verschwindet; in der Nähe der Sangmühle erscheint er auf's Neue, er hat hier eine Höhe von 6 Fuß, in einer Länge von 1300 Fuß; er ist daselbst an zwei Stellen dreifach, und hat eine Breite von 75 Fuß. Er tritt alsdann in den Niederwald der Gemeinde Wettges, ist hier wieder einfach, mit beiderseitigen Gräben, hat eine Länge von 580 Fuß und eine Höhe von 5 Fuß.

Von hier anfangend, tritt das, weiterhin bis zum Maine befolgte, System zuerst deutlich hervor; wonach der Grenzwall überall, zwischen den Flußthälern, die Wasserscheide der Bergrücken aufsuchte, dabei jedoch die Bergkegel vermied.

Zunächst ist es der Bergrücken zwischen dem Thale der Salz und jenem der Reichenbach und Bracht, auf dem er verharret, bis seine Richtung ihn nöthigt, das Kinzigthal zu durchschneiden.

17) Am sogenannten weißen Kreuze befinden sich 4 Wälle nebeneinander, von 5 Fuß Höhe und 500 Fuß Länge, mit einer Gesammtbreite von mehr als 100 Fuß.

18) Etwas mehr südlich: am „Schlagwiesenstück," befindet sich ein 5 Fuß hoher Wall von 650 Fuß Länge; mit ihm läuft, in einer Entfernung von 400 Fuß, parallel, ein 10 Fuß tiefer Graben; auch befinden sich daselbst noch andere Wälle und Gräben, welche auf ein Sommerlager hinzudeuten scheinen.

19) Der Thiergarten des Fürsten von Isenburg-Birstein wird, von Norden nach Süden, vom römischen Grenzwalle durchschnitten; schon vor demselben liegt ein Wall von 1000 Fuß Länge; daselbst sowohl, wie im Thiergarten selbst, befinden sich auch Parallelgräben, welche auch hier auf ein Sommerlager hindeuten.

20) Noch etwas mehr südlich, am „Abtstein," befindet sich ein Planum von 2200 Fuß Länge, welches ein Ueberrest des Römerwalles zu sein scheint.

21) Auf dieser Wasserscheide nach Süden fortgehend, gelangen wir in die sotzbacher Birken; daselbst befindet sich eine, eine halbe Stunde lange, sehr wohl erhaltene Strecke des Limes; — es sind dies drei Wälle von 5 Fuß Höhe, mit vier Gräben und einer Gesammtbreite von 120 Fuß.

Auch auf diese Stelle müssen wir den Alterthumsforscher besonders aufmerksam machen; — man übersieht hier — bei seiner freien Lage — dieses große Werk mit einem Blicke, und kann über dessen Natur und Entstehung nicht lange im Zweifel bleiben.

Dieser Wall ist sehr leicht zugänglich, da er von dem chaussirten Wege durchschnitten wird, welcher von Birstein über Untersotzbach, Katholischwillenroth und Romsthal, nach Salmünster und Steinau führt.

22) Zwischen diesem großartigen Ueberreste des Grenzwalles und dem Dorfe Udenhain, liegt die udenhainer Landwehr; — es war dies die Fortsetzung jenes Walles; da sie jedoch

als Fahrweg benutzt wurde und zwischen Aeckern liegt, die zu Uebergriffen Gelegenheit boten, so finden sich hier nur noch einzelne Spuren der früheren Wälle und Gräben vor.

23) Der Limes hat offenbar den unteren Theil des Dorfes Ubenhain durchschnitten; dicht an dessen Südseite, nahe an der Kirche, sieht man noch im Rasen der dasigen Hutweide einen flachen Wall von etwa 800 Fuß Länge, welcher noch als ein Rest desselben erscheint.

24) Von da, bis zur Grenze des Amtes Salmünster, finden sich nur noch einzelne Spuren, namentlich an der Stelle, wo der Weg von Ubenhain nach Neudorf einen flachen Bergrücken übersteigt, nachdem er aus dem ubenhainer Hoffeld in den Waldort Herrentrieb eingetreten ist; diese Spuren haben eine Länge von 600 Fuß.

25) Von der Grenze des Amtes Salmünster an, durchschnitt der Limes die Waldorte: „Sandacker und Dreigraben." Er erscheint gegenwärtig anfangs in der Gestalt eines einfachen breiten Grabens, dann als ein vierfacher Wall von 5 Fuß Höhe; dann zeigen sich drei Gräben und zwei Wälle, von etwa 3000 Fuß Länge; von diesen scheint der Name: „Dreigraben" herzurühren.

26) In demselben Walde liegt weiter südlich die Bergschlucht: „Schindersgraben"; auf der Ostseite dieser Schlucht befindet sich ein breiter 4 Fuß hoher Wall, von etwa 800 Fuß Länge.

27) Zwischen dem sogenannten Heubelsfelde und dem Walde, in welchem sich der Stockborn befindet, zieht ein Rasenstreifen hin, an welchen sich ein breiter Wall anschließt, welcher den Namen: „bairischer Graben," führt; von da führt ein Fußpfad nach dem Heubelsbrückchen; dieses Brückchen führt, dicht unterhalb der Stadt Salmünster, über die Kinzig. Neben jenem Fußpfade liegt der sogenannte Kleinbrückenrain; dieses letztere ist ein breiter und hoher Wall, welcher jetzt auf seinem Rücken mit Getreide und mit Obstbäumen bepflanzt ist.

Allem Anscheine nach sind: jener Rasenstreifen, so wie der bayerische Graben und der Kleinbrückenrain lauter Ueberreste des Limes, da sie sämmtlich in seiner Richtung liegen, und letzterer ganz den Charakter eines Römerwerkes an sich trägt.

28) Der Kleinbrückenrain zielet auf den Nummerstein 566 der, jenseits des Kinzigthales hinziehenden, Leipzigerstraße; von diesem Nummersteine bis etwa 200 Fuß vor dem Nummerstein 568, scheint der Limes an der Stelle dieser Straße gelegen zu haben, wie dies der linkseitige Rasenstreifen anzudeuten scheint, welcher wahrscheinlich den linkseitigen Graben des Limes gebildet hat.

Vom Heubelsbrückchen bis hierher würde sich hiernach der Limes im Kinzigthale befunden haben.

An dieser Stelle steigt der, von Salmünster nach Orb führende Fußpfad, den Berg hinan. Dieser Fußpfad befindet sich auf dem Ueberreste des Limes, welcher hier — wegen seiner abschüssigen Lage — vom herabströmenden Wasser sehr viel von seiner ursprünglichen Gestalt verloren hat; auf der Höhe verläßt der Fußpfad den Limes, und dieser zieht, auf dessen rechter Seite, als doppelter und dreifacher Wall, am dasigen Forstgarten vorüber, und überschreitet dann, als breiter Wall mit beiderseitigen Gräben, die Landesgrenze.

Von diesem kurhessischen Forstgarten, bis zu dem jenseits gelegenen bayerischen Forstgarten, befand sich der Grenzwall abermals auf einer Wasserscheide, nämlich auf derjenigen, welche sich auf dem Bergrücken, zwischen den Thälern der Kinzig und Orb befindet.

29) Da wo die, von Orb nach Aufenau führende Chaussee diese Wasserscheide überschreitet, sieht man einen 5 Fuß hohen Wall, mit beiderseitigen Gräben, in den, auf der Nordseite anschließenden, Kiefernbestand eintreten; derselbe durchschneidet diesen Kiefernbestand in der Richtung auf Salmünster in der Länge von etwa 2000 Fuß.

30) Von jener orb=auffenauer Chaussee, zieht sich, bis zum obengedachten bayerischen Forstgarten, ein breiter Rasenstreifen, am linkseitigen Walbrande, auf der Wasserscheide hin; in diesem Rasenstreifen finden sich noch leichte Spuren des Limes.

Da wo dieser Bergrücken, oberhalb der Einmündung des Orbthales, in das Kinzigthal sein Ende erreicht, liegt der mehrgedachte Forstgarten; von da führt der, von Aufenau nach Wirtheim gehende, Fußpfad den Berg hinab; an der linken Seite dieses Fußpfades liegen sieben 8 Fuß hohe Wälle und acht Gräben dicht nebeneinander, von einer Gesammtbreite von 360 Fuß und einer Länge von 4000 Fuß, sie nehmen ihre Richtung auf das Brückchen, auf welchem die Leipzigerstraße den Orbbach überschreitet, und reichen bis dicht an dasselbe.

31) Jenseits des Orbthales und der, von der Leipzigerstraße nach der Stadt Orb abgehenden, Chaussee, befinden sich noch bedeutende Reste des Limes am Saume des Waldes längs der Leipzigerstraße, in einer Länge von 3000 Fuß; diese Stelle heißt: „hinter den Schanzen."

Eine nähere Untersuchung ergibt, daß sich hier die Chaussee an der Stelle des Limes befindet, wie dies noch einige Spuren des rechtseitigen Grabens zeigen; dagegen ist der linkseitige Graben, und ein Theil des linkseitigen Walles, am Walbrande noch vorhanden; dieser Wall hat stellenweise eine Höhe von 8 Fuß.

Auch auf die Großartigkeit dieser beiden letzteren — zu beiden Seiten der Ausmündung des Orbthales gelegenen — Reste des Limes, glaube ich den Geschichtsforscher wie den Zweifler besonders aufmerksam machen zu müssen; besonders noch darum, weil diese Werke, von der sehr frequenten Leipzigerstraße aus, sehr bequem übersehen werden können.

Da indessen erstere 8 Gräben große Aehnlichkeit mit gewöhnlichen Wasserrissen — wie sie sehr häufig an Berghän=

gen vorkommen — haben, so entgingen sie bisher der oberflächlichen Beobachtung; es muß deßhalb besonders darauf hingewiesen werden, daß sie durch ihre große Zahl, ihre parallele Lage und regelmäßige Form, und den Umstand, daß sie in gleicher Weite und Tiefe bis auf den Bergscheitel hinaufreichen, den Beweis liefern, daß sie nicht von herabströmendem Wasser, sondern von Menschenhänden gebildet worden sind.

32) Der Grenzwall, welcher sich hier abermals im Kinzigthale befand, und vor dem Nebenthale des Orbbaches vorübergezogen ist, zog noch vor einem zweiten Nebenthale vorüber; nämlich vor dem Nebenthale des Hirschbaches, in welchem der Weiler Friedrichsthal liegt. Alsdann erhob er sich auf die Wasserscheide, welche sich zwischen diesem Thale und dem Thale des Bieberbaches befindet.

Der Anfangspunkt des, jetzt noch vorhandenen, Walles, liegt dicht an der linken Seite des sogenannten Gringels — jenes germanischen Ringwalles, welchen wir bereits oben kennen gelernt haben.

Kommt man auf der Leipzigerstraße von Aufenau, so gewahrt man eine, aus dem Waldrande heraustretende, Gruppe von Kiefern; diese Kiefern stehen auf der Krone des Limes, welcher von da im dichten Buschwerke hinauf, bis zum Waldorte Geiersberg fortzieht, in einer Länge von beinahe einer Stunde; er besteht stellenweise nur aus einem, dann auch aus zwei und aus drei Wällen von 4 Fuß Höhe.

33) Vom Geiersberge bis zu der Stelle, wo der, von Orb nach Bieber führende, Fußpfad die Wasserscheide passirt, befindet sich der, von der wirtheimer Altenburg nach Vilbach gehende, Fahrweg, bald auf einem Walle, bald wieder in einem Graben des Limes; das Fahren und die stattgehabte Wegausbesserung hat dahier seine ursprüngliche Gestalt so sehr gestört, daß sich nur noch hier und da einzelne Spuren desselben erkennen lassen.

34) An jener Stelle, wo der von Orb nach Bieber führende

Fußpfad die Wasserscheide passirt, befindet sich ein Wegweiser mit der Aufschrift: „nach Vilbach ⅓ Stunde," hier tritt der obenbezeichnete Fahrweg in den linkseitigen Graben des Limes, welcher hier aus drei Wällen besteht, welche stellenweise eine Höhe von 12 Fuß haben, und bis nach Vilbach ununterbrochen fortlaufen.

Die ganze Länge beträgt zwar eine Stunde, allein die Höhe der Wälle nimmt allmälig ab; dessen ungeachtet ist dies der bedeutendste aller, zwischen der Wetter und dem Main befindlichen, Theile des Limes, und es ist vorzugsweise hierher, wohin wir alle diejenigen, welche sich für unseren Gegenstand interessiren, einladen möchten; diese Stelle befindet sich nur eine Stunde von Orb und ebensoweit von Bieber.

35) Von Vilbach ziehen die, überall noch sichtbaren, Reste des Limes längs des chaussirten Weges, welcher von da, über das Hosewieschen, nach Flörsbach führt.

Zunächst befinden sie sich auf der rechten Seite, dann gehen sie auf die linke über, bis zur kurhessischen Grenze; daselbst treten sie wieder auf die rechte Seite bis auf das Hosewieschen, wo sie verschwinden. An dieser Stelle haben die beiderseitigen Gräben des dasigen einfachen Walles eine Tiefe von 10 Fuß.

36) Jenseits des Hosewieschens laufen die Reste des Limes längs der Birkenhainerstraße hin, und befinden sich zum Theile nahe am Waldsaume im dichten Buschwerke; es findet sich hier überall nur ein einfacher Wall, mit beiderseitigen Gräben, welche anfangs eine Tiefe von 8 Fuß haben, jedoch später sich bis zu 4 Fuß verflachen.

Zunächst befinden sie sich auf der rechten Seite der Straße; — jenseits des wißbütter Teiches erscheint dann ein Wall von etwa 1000 Fuß Länge und 2 Fuß Höhe auf der linken Seite, während die weitere Fortsetzung wieder auf der rechten Seite liegt.

Aus einer näheren Untersuchung ergibt es sich, daß die

Birkenhainerstraße hier, nach ihrer ganzen Breite in dem Limes liegt — der aus drei Wällen bestanden hat — und daß von diesen Wällen zwei zur Straßenanlage verwendet worden sind.

Diese Strecke reicht bis an die Stelle, wo der gewöhnliche, von Bieber nach Wiesen führende, Fahrweg, die Birkenhainerstraße, und hiermit auch die Landesgrenze durchkreuzt.

37) Von Wiesen abwärts hat — wie es scheint — der Limes noch fortwährend, so viel als möglich, die Wasserscheide eingehalten, auf welcher sich, im oberen Theile des Spessarts, auch der Eselspfad befand. Nahe unterhalb Wiesen befindet sich, im Hochwalde, auf der Ostseite der nach Aschaffenburg führenden Straße, ein 40 Fuß breiter und 3 Fuß hoher Wall: „Römerwall" genannt.

38) Hier habe ich die Notiz von einem Römerwerke einzuschalten, welches ich nicht selbst gesehen, und welches sich, nach Aussage glaubwürdiger Zeugen (des Försters von Wiesen und des Bürgermeisters Herrlein von Aschaffenburg) nahe oberhalb Heinrichsthal, auf der Grenze der Landgerichte Alzenau und Rothenbuch, dicht an der Westseite der Straße befindet.

Es ist dies ein Wall mit beiderseitigen Gräben. (Ueberhaupt kann ich meine Untersuchung in der Strecke, zwischen der Birkenhainerstraße und dem Maine, ebensowenig als den Gegenstand erschöpfend ansehen, wie in der Strecke zwischen Schotten und Oberseemen. Wahrscheinlich werden sich in diesen beiden Strecken noch einzelne Reste des Limes befinden, zu deren Aufsuchung ich die Freunde der älteren Geschichte, und von diesen besonders diejenigen einlade, die in der Nähe derselben wohnen. Wollten sie mir ihre Nachrichten zusenden, so würde ich für deren Veröffentlichung Sorge tragen.)

39) Bei Heinrichsthal, in den Dornhecken, befindet sich ein alter breiter Graben von etwa 1000 Fuß Länge, stellen=

weise ist er doppelt; vor etwa 30 Jahren hatte derselbe noch eine Fortsetzung durch das sogenannte Tannenfeld, in der Länge von einer Viertelstunde.

Dieses Feld wurde seitdem gerodet; dennoch finden sich in demselben noch einzelne Spuren eines dreifachen Walles.

40) Nahe unterhalb dem Forsthause: „Engländer," Jakobsthal gegenüber, befinden sich, auf der linken Seite der Straße, 3 Wälle von 5 Fuß Höhe, und 4 Gräben mit einer Gesammtbreite von 120 Fuß; diese Anlage hat eine Länge von 520 Fuß.

41) Etwa 2000 Fuß jenseits des Wegweisers, welcher die Aufschrift trägt: „Jakobsthal, Laufach, Rothenbuch," und welcher sich auf dem sogenannten Streitplatze befindet, am: „Glassenbug," finden sich, in einer Länge von etwa 1000 Fuß, Spuren ähnlicher Gräben und Wälle, wie Nro. 40.

42) An der Falkenruh, nahe vor dem Tunnel der Eisenbahn, finden sich 3 Wälle, mit zugeflößten Gräben; ich konnte dieselben nur 380 Schritte verfolgen, bis zu einem undurchdringlichen Walddickicht.

43) Am: „Siebenwege," in dem nordöstlichen Winkel, den die Chaussee von Lohr nach Aschaffenburg mit jener von Rothenbuch nach Haigenbrücken macht, finden sich zwei Wälle und drei Gräben in der Länge von 1000 Fuß.

44) Vor der Planke des Forsthauses: „Echterspfahl," auf der rechten Seite der Straße und dicht neben derselben, befinden sich, in der dasigen Kiefernpflanzung, drei Wälle von 5 Fuß Höhe, in einer Länge von etwa 1000 Fuß, an dieselben schließt sich nördlich an, ein einfacher Graben, welcher jedoch ebenfalls als Rest des Limes angesehen werden muß.

45) Nahe oberhalb dem Wegweiser für: „Wintersbach und Hainbuchenthal," befindet sich der Hohlweg mitten im vormaligen Limes, und es sind dessen Spuren noch fortwährend in der ganzen Strecke sichtbar, bis zu der, eine halbe Stunde oberhalb Krausenbach befindlichen, Waldkapelle.

Diese Spuren zeigen sich anfangs links des Weges, im Rasen, als dreifacher Wall mit zugeflößten Gräben; Weiterfort befinden sich drei Wälle im dichten Waldgebüsche, und noch weiter unten treten sie auf der rechten Seite des Weges auf.

Diese beiden Reste Nr. 44 und 45 sind es, auf welche ich alle diejenigen aufmerksam machen muß, welche sich für diesen Gegenstand interessiren. Dieselben gehören zwar nicht zu den großartigeren und am vollständigsten erhaltenen; allein sie müssen, bei ihrer Gesammtlänge von einer halben Stunde, als die deutlichsten Beweise dafür angesehen werden, daß der äußere römische Grenzwall seine Fortsetzung auch durch den Spessart gefunden hat.

46) Nahe oberhalb Mönchberg, Altenbach gegenüber; in der sogenannten Badestube bei Wildenstein, befinden sich, unter den dasigen hohen Buchen, zwei Wälle mit drei flachen Gräben, 380 Fuß lang.

47) Weiter südlich wird der Gebirgskamm so schmal, daß ihn die Römer selbst als einen natürlichen Grenzwall ansehen, und sich die Mühe der Anlegung eines künstlichen Walles ersparen konnten; er hat nur die Breite der, auf ihm hinziehenden, Schneuße; jenseits dieser Schneuße befindet sich auf beiden Seiten, der steile Berghang; es fand sich daher selbst nicht einmal der nöthige Raum vor, zur Anlegung solcher drei Wälle, wie sie den Römern in dieser Gegend, zur Begrenzung ihres Reiches, erforderlich geschienen haben. An einigen Stellen sind auf diesem Kamme so viele große Steinblöcke angehäuft, daß es das Ansehen gewinnt, als hätten die Römer sie zur Verstärkung ihrer Grenzwehr zusammengewälzt.

48) Das südliche Ende dieses Kammes heißt Kegelkopf; unterhalb demselben, dicht über der großheubacher Kuhruh, befinden sich zwei Parallelgräben, von etwa 500 Fuß Länge, welche mir als die südlichsten Reste dieses Theiles des Limes erschienen sind.

Ueberblicken wir, auf der hier angefügten Karte, die ganze, von uns durchlaufene, Linie; so müssen uns die großen Lücken auffallen, welche sich, selbst in den Urwäldern des Vogelsberges und Spessarts, befinden, und in welchen sich nicht die geringsten Spuren von Wällen und Gräben auffinden lassen, während auch ihre Beseitigung — wären sie jemals dagewesen — so viele Arbeit erfordert haben würde, zu deren Vornahme wir ebenfalls keinen Grund anzugeben wissen.

Ebenso auffallend ist es, daß, in dem großen Zwischenraume, welcher sich von Hungen, Staaden, Rückingen und Großkrotzenburg, bis zu der hier beschriebenen Reichsgrenze befindet, noch keine Spuren römischer Niederlassungen aufgefunden worden sind.

Eine Erklärung dieser Erscheinungen kann ich nur in folgendem Umstande finden.

Bis zu der Zeit des Kaisers Probus bildete der, von Großkrotzenburg ausgehende Pfaffendamm, mit seiner — in die anliegende Karte eingezeichneten — Fortsetzung über Marköbel, Rommelshausen, Altenstadt, Staaden, Bingenheim und Echzell die Reichsgrenze; erst Probus rückte sie in den Vogelsberg und Spessart vor, und ordnete auch zugleich die Herstellung eines neuen Grenzwalles, auf dieser neuen Grenzlinie an.

Wegen seines, bald darauf erfolgten Todes, wurde jedoch dieser Wall nicht vollendet, — und, wegen der bald wieder eingetretenen Schwächung der Römerherrschaft diesseits des Rheins, rückten auch die römischen Niederlassungen an die neue Reichsgrenze nicht vor; und die wenigen Niederlassungen der Römer, die etwa noch in dieser östlichen Richtung gegründet wurden, waren von einer zu kurzen Dauer, als daß sie bedeutende Spuren ihres einstigen Daseins hätten hinterlassen können.

Hiervon scheint zwar Aschaffenburg eine Ausnahme zu machen; allein daß sich dorten eine römische Niederlassung befunden habe, ist noch nicht vollständig erwiesen, und im Falle sie daselbst bestanden hat, würde es sich wahrscheinlich zeigen, daß sie der letzten Periode der Römerherrschaft angehört hat.

Diese Ansicht wird unterstützt durch das, was Professor

Dieffenbach) Seite 29 bis 32 der Abhandlung XIII im Bande V des Archivs für hessische Geschichte und Alterthumskunde, über diesen Gegenstand ausspricht, und durch die, im Bande VIII S. 385 bis 387 desselben Archivs, enthaltene Meinungsäußerung des Hofgerichtsrathes Dr. Emil Hofmann.

Gehen wir indessen noch weiter; suchen wir auch eine Erklärung für den Ursprung und Zweck der auf der linken Seite des Mains befindlichen Grenzwälle, so müssen wir, hier wie dort, eine dreimalige Ausdehnung der Römerherrschaft annehmen, und dies in folgender Abstufung:

I. Das zuerst in Besitz genommene Gebiet erhielt den Namen Zehntland. Tacitus bezeichnet dieses Land — wie wir schon mehr erwähnt haben — im 29. Kap. seiner Germania, folgendermaßen: „Nicht mögte ich — — diejenigen zu Germaniens Völkern zählen, die das Zehntland bewohnen; das loseste, aus Armuth unternehmende Gesindel der Gallier besetzte es, da zweifelhaft der Grundbesitz. Nachher zog man den Grenzwall und ließ die Posten dahin weiter vorrücken; so, daß es nun als Vorland des Reichs und Theil der Provinz betrachtet wird."

Bekanntlich geschah die erste Niederlassung der Römer diesseits des Rheins im Jahre 12 v. Ch. unter Drusus; er hatte bereits zu jener Zeit den Chatten Wohnungen, Mainz gegenüber, angewiesen, welche sie jedoch nach 2 Jahren wieder verlassen hatten; er legte an den Gestaden des Rheins 50 Castelle an, worunter das Castell, Mainz gegenüber, sich befand; auch legte er — nach Tacitus Annalen I Kap. 56 — auf dem Taunus eine Schanze an und — nach Florus IV. 12. — gab er Germanien: „eine Ruhe, in welcher die Menschen umgeschaffen, die Erde verschönert und selbst der Himmel freundlicher geworden sei."

Da wir aus der, von Tacitus 130 Jahre später verfaßten, Beschreibung Germaniens ersehen, daß die Germanen zu jener Zeit noch in ihrer ursprünglichen Unabhängigkeit verharrten, und der Einfluß der Herrschaft der Römer sich nur auf das von ihnen besetzte Zehntland beschränkte, so kann auch dieser Ausspruch von Florus nur auf das römische Zehntland bezogen werden. Unter Drusus geschahen daher die Ansiedelungen im Zehntlande; allein der es zu beschützende Grenzwall wurde — nach obigem Citate — erst nachher, und zwar — wie es scheint — zu Tacitus Zeiten angelegt, da er von dieser Umwallung, wie von einem erst jüngst eingetretenen Ereignisse, spricht.

Tacitus war aber ein Zeitgenosse Hadrians, und von diesem sagt sein Biograph Spartianus, in Hadrian Kap. 11: „Wo keine Flüsse die natürlichen Grenzen zwischen den Provinzen und den Barbaren bestimmten, ließ er beide durch starke Verhaue — gleich festen Mauern — von einander trennen."

Hiermit ist der eigenthümliche Charakter des Umwallungs=systems, welches wir auf der anliegenden Karte, von der Saalburg über Assenheim, Eichen, Marköbel und Rückingen bis Groß=krotzenburg ausgeführt sehen, auf das Deutlichste bezeichnet.

Auch auf der linken Seite des Mains möchte dem Walle von der Gersprenz bei Stockstadt bis zur Mümmling, und dann bis zum Neckar bei Hirschhorn dieser Charakter beizulegen sein.

Die Grenzwälle, welche vom Taunus nach dem Niederrheine hinabziehen, wurden wahrscheinlich schon früher angelegt; sie be=grenzten das unterrheinische Zehntland, wie dies aus Tacitus Annalen I. Kap. 50 und II. Kap. 7 hervorzugehen scheint, wo=nach Tiberius und Germanikus als Urheber derselben anzusehen sein möchten.

II. Da die aufgefundenen Spuren der römischen Niederlas=sungen diese ersten Grenzwälle an zwei Stellen überschreiten, so muß schon bald nach den Zeiten Hadrians eine Gebietserweite=rung, und ein damit verbundenes Hinausrücken der Reichsgrenze, stattgefunden haben.

Es geschah dies in nördlicher Richtung über Friedberg*), Butzbach und Grüningen bis in die Gegend von Hungen.

---

*) Für seine Annahme, daß Friedberg von Germanikus gegründet wor=den sei, hat Prof. Dieffenbach nirgends ausreichende Belege beige=bracht. Das Alter der dort gefundenen Münzen liefert keinen solchen, da sich dergleichen noch sehr lange, nach ihrer Prägung, im Gebrauche erhielten.

Dieser zweiten Gebietserweiterung wären hiernach die Grenzwälle zuzuschreiben, von dem pfaffenwiesbacher Fußpfade über Ziegenberg, Hausen, Grüningen, Birklar, Echzell, Staaden und Altenstadt, bis an die Nibber bei Oberau.

Gleichzeitig scheinen die römischen Niederlassungen den von der Gersprenz nach dem Mümmling gezogenen Grenzwall überschritten zu haben, und bis an das nahe Mainufer vorgerückt worden zu sein, da sich in diesem Landstreifen ebenfalls viele Spuren römischer Niederlassung vorfinden.

III. Die dritte und letzte — durch Probus bewirkte — Erweiterung des Römergebietes hätte zwar die Verbindung des rheinischen Grenzwalles mit jenem an der Donau beabsichtigt; sie hätte aber — nach unserer Ansicht — von Hungen ausgehend, in unserer Gegend eine solche Erweiterung nur nach Osten bewirkt, und eine dauernde Niederlassung nicht zur Folge gehabt; auch wäre der in dieser Richtung angeordnete Grenzwall nicht zu seiner Vollendung gediehen.

Von demselben Verfasser sind früher erschienen:

Die Gewässer und der Wasserbau der Binnenlande in naturwissenschaftlicher, technischer und staatswirthschaftlicher Beziehung. Hanau 1831, Preis 1 Thlr. 6 Sgr.

Zeitschrift für die Provinz Hanau, 1. bis 4. Heft. Hanau 1839, Preis 2 Thlr.

Die naturgemäße Volkswirthschaft mit besonderer Rücksicht auf die Besteuerung und Handelspolitik. 2. Ausgabe. Frankfurt 1851. Preis 1½ Thlr.

Die naturgemäße Steuer. Frankfurt, 1852. Preis 1 Thlr.

Die Staatsverfassung nach dem Bedürfnisse der Gegenwart. Frankfurt 1857. Preis 1 Thlr.